大展好書　好書大展

品嘗好書　冠群可期

武學名家典籍校注 9

# 孫祿堂拳意述真

孫祿堂 著 孫婉容 校注

大展出版社有限公司

一代宗師孫祿堂

# 一代宗師孫祿堂

孫祿堂（一八六〇年十二月—一九三三年十二月），諱福全，晚號涵齋，河北省完縣人，是清末民初蜚聲海內外的儒武宗師，有「虎頭少保」「天下第一手」及「武聖」之稱譽。

孫祿堂從師形意拳名家李魁垣，藝成被薦至郭雲深大師處深造。之後又承武林大家程廷華、郝為楨親授，並得宋世榮、車毅齋、白西園等多位武林前輩的認可點拔。郭雲深喜而驚歎曰：「能得此子，乃形意拳之幸也！」程廷華贊曰：「吾授徒數百，從未有天資聰慧復能專心潛學如弟者。」郝為楨嘆服：「異哉！吾一言而子已通悟，勝專習數十年者。」

孫祿堂南北訪賢，得多位學者、高僧、隱士、道人指點，視野廣開，尤其在《易經》、儒釋道哲理、內丹功法方面，收益奇豐。

孫祿堂精通形意拳、八卦拳、太極拳三拳，他以《易經》為宗旨，融會古今，打通內外，提出「三拳形雖不同，其理則一」的武學理念。孫祿堂已出版《形意拳學》《八卦拳學》《太極拳學》《八卦劍學》《拳意述真》五本武學經典。

孫祿堂創建的「孫氏太極拳」，在國術史上首次提出及印證了「拳與道合」這一經典命題，是太極拳發展史上的一座里程碑。

孫祿堂第一個提出：在文化領域裡，武學與文學，具有等同的價值；又率先提出「國術統一」的思想，這在當時中國武術界引發了極大的反響。

孫祿堂集武學、文學、書法、哲學、教育學、社會學等多科學問於一身，武有成，文有養，是文武共舞共融的實踐者。

孫祿堂先生墓碑

孫祿堂先生陵墓

許多先輩名家對孫祿堂的成就給予肯定和贊許，如前輩宋世榮贈言：「學於後，空於前，後來居上，獨續先宗絕學」；形意拳、八卦拳名家張兆東曰：「以余一生所識，武功能稱神明至聖登峰造極者，獨孫祿堂一人耳。」孫祿堂的武學文養、道德品行有識共賞，金一明著《國術史》有云：「若先生者，可謂合道、術二字而一爐共冶者」「其為人也，重然諾，有古風粹然之氣見於面背，仁義之心著於四方。」

太極圖——
意在一扭字，丹田、上下、內外，如同一氣旋轉，謂之轉乾坤，扭氣機，逆運先天真一之氣。

蛇形圖——
拳中蛇形能活動腰中之力，乃陰陽相摩之意。

太極即一氣
一氣即太極

太極即一氣　一氣即太極

# 出版人語

武術作為中華民族文化的重要載體，集合了傳統文化中哲學、天文、地理、兵法、中醫、經絡、心理等學科精髓，它對人與自然和諧共生關係的獨到闡釋，它的技擊方法和養生理念，在中華浩如煙海的文化典籍中獨放異彩。

隨著學術界對中華武學的日益重視，北京科學技術出版社應國內外研究者對武學典籍的迫切需求，於二〇一五年決策組建了「人文·武術圖書事業部」，而該部成立伊始的主要任務之一，就是編纂出版「武學名家典籍」系列叢書。

入選本套叢書的作者，基本界定為民國以降的武術技擊家、武術理論家及武術活動家，而之所以會有這個界定，是因為民國時期的武術，在中國武術的

發展史上占據著重要的位置。在這個時期，中、西文化日漸交流與融合，傳統武術從形式到內容，從理論到實踐，都發生了巨大的變化，這種變化，深刻干預了近現代中國武術的走向。

這一時期，在各自領域「獨成一家」的許多武術人，之所以被稱為「名人」，是因為他們的武學思想及實踐，對當時及現世武術的影響深遠，甚至成為近一百年來武學研究者辨識方向的座標。這些人的「名」，名在有武術的真才實學，名在對後世武術傳承永不磨滅的貢獻。他們的各種武學著作堪稱為「名著」，是中華傳統武學文化極其珍貴的經典史料，具有很高的文物價值、史料價值和學術價值。

首批推出的「武學名家典籍」校注第一輯，將以當世最有影響力的太極拳為主要內容，收入了著名楊式太極拳家楊澄甫先生的《太極拳使用法》、《太極拳體用全書》；武學教育家陳微明先生的《太極拳術》《太極劍》《太極答問》；一代武學大家孫祿堂先生的《形意拳學》《八卦拳學》《太極拳學》

《八卦劍學》《拳意述真》。民國時期的太極拳著作，在整個太極拳發展史上占有舉足輕重的地位。當時太極拳著作，正處在從傳統的手抄本形式向現代著作出版形式完成過渡的時期；同時也是傳統太極拳向現代太極拳過渡的關鍵時期。這一歷史時期的太極拳著作，不僅忠實地記載了太極拳架的衍變和最終定型，而且還構建了較為完備的太極拳技術和理論體系，而孫祿堂先生的武學著作及體現的武學理念，特別是他首先提出的「拳與道合」思想，更是使中國武學產生了質的昇華。

這些名著及其作者，在當時那個年代已具有廣泛的影響力，而時隔近百年之後，它們對於現階段的拳學研究依然具有指導作用，依然被太極拳研究者、愛好者奉為宗師，奉為經典。對其多方位、多層面地系統研究，是我們今天深入認識傳統武學價值，更好地繼承、發展、弘揚民族文化的一項重要內容。

本叢書由國內外著名專家或原書作者的後人以規範的要求對原文進行點校、注釋和導讀，梳理過程中尊重大師原作，力求經得起廣大讀者的推敲和時間的考驗，再現經典。

「武學名家典籍校注」，將是一個展現名家、研究名家的平台，我們希望，隨著本叢書第一輯、第二輯、第三輯……的陸續出版，中國近現代武術的整體風貌，會逐漸展現在每一位讀者的面前；我們更希望，每一位讀者，把您心儀的武術家推薦給我們，把您知道的武學典籍介紹給我們，把您研讀詮釋這些武術家及其武學典籍的心得體會告訴我們。我們相信，「武學名家典籍校注」這個平台，在廣大武學愛好者、研究者和我們這些出版人的共同努力下，會越辦越好。

# 拳意述真序

孫祿堂先生以形意、八卦、太極拳術教授後學，恐久而失其真也，乃作《拳意述真》述先輩傳授之精意而加以發揮，竣稿後命余序之。三家之術，其意本一，大抵務勝人尚氣力者，源失之濁；不求勝於人、神行機圓而人亦莫能勝之者，其源則清，清則技與道合，先生是書皆合乎道之言也。

先生學形意，拜李奎垣先生之門，李之師為郭先生雲深，而先生實學於郭，從之最久。幼棄其業，隨之往來各省，郭先生騎而馳，先生手攬馬尾步追其後，奔逸絕塵，日嘗行百餘里。

至京師，聞程先生廷華精八卦拳術，董海川先生之徒也，訪焉，又絕受其術。程先生贊先生敏捷過於人，人亦樂授之。蚤①從郭，暮依程，如是精練者

數年，遊行郡邑，聞有藝者必造訪，或不服與較，而先生未嘗負之，故郭程二先生贊曰：「此子真能不辱其師。」先生年五十餘居京師，有郝先生為真者自廣平來，郝善太極拳術，又從問其意，郝先生曰：「異哉，吾一言而子通悟，勝專習數十年者。」

故先生融會三家，而能得其精微，筆之於書，表章先輩，開示後學，明內家道藝無二之旨、動靜交脩②之法，其理深矣，其說俱備於書，閱者自知之。余因略述先生得道之由，以見先生是書乃苦功經歷所得者，非空言也。

民國十二年歲次癸亥仲冬蘄水陳曾則序

【注釋】

①蚤：古同「早」。

②脩：同「修」。

# 拳意述真自序

夫道者，陰陽之根，萬物之體也①。其道未發，懸於太虛之內②；其道已發，流行於萬物之中③。夫道，一而已矣。在天曰命，在人曰性，在物曰理，在拳術曰內勁④，所以內家拳術有形意、八卦、太極三派形式不同，其極還虛之道則一也⑤。

《易》曰：一陰一陽之謂道。若偏陰、偏陽皆謂之病⑥。夫人之一生，飲食之不調，氣血之不和，精神之不振，皆陰陽不和之故也⑦。故古人創內家拳術，使人潛心玩味，以思其理，身體力行，以合其道，則能復其本來之性體⑧，然吾國拳術，門派頗多，形式不一，運用亦異，畢生不能窮其數，歷世不能盡其法。余自幼年好習拳術，性與形意、八卦、太極三派之拳術相近，研究五十

餘年，得其概要⑨，曾著形意、八卦、太極拳學，已刊行世。今又以昔年所聞先輩之言，述之於書，俾學者得知其真意焉⑩。

三派拳術，形式不同，其理則同；用法不一，其制人之中心，而取勝於人者則一也。按一派拳術之中，諸位先生之言論形式，亦有不同者，蓋其運用，或有異耳⑪。三派拳術之道，始於一理，中分為三派，末復合為一理。其一理者，三派亦各有所得也：形意拳之誠一也；八卦拳之萬法歸一也；太極拳之抱元守一也⑫。古人云：「天得一以清，地得一以寧，人得一以靈，得其一而萬事畢也」⑬。三派之理，皆是以虛無而始，以虛無而終，所以三派諸位先生所練拳術之道，能與儒釋道三家誠中、虛中、空中之妙理，合而為一者也⑭。

余深恐諸位先生之苦心精詣，久而淹沒，故述之以公同好⑮，惟自愧學術譾陋無文，或未能發揮諸位先生之妙旨，望諸同志，隨時增補之，以發明其道可也。

民國十二年歲次癸亥直隸完縣孫福全序

【注釋】

①夫道者……萬物之體也：謂道是陰陽二氣之所由生，萬物未生之前的本體。

②其道未發，懸於太虛之內：謂道未發動時，懸於太空之內，其體不可見。

③其道已發，流行於萬物之中：謂道已發動，道便流行於萬物之中無處不在。

④夫道……在拳術曰內勁：是說道本體就是一，道既化生陰陽天地之後，道則無處不在。

⑤所以內家……則一也：謂內家拳有形意、八卦、太極三派，三派拳法形式不同，而練到精深處，則皆還歸於太虛渾元之道，這是一致的。

⑥《易》曰……偏陽皆謂之病：《周易・繫辭》說：「一陰一陽之謂道。」配合平衡則合於道。反之，有陰無陽，或偏陰偏陽，即謂不道，不道則成病。

⑦夫人……不和之故也：謂人的飲食、氣血、精神等各有常度，若失其常度，則偏陰偏陽，陰陽不和，則疾病生。

⑧故古人……本來之性體：謂古人創內家拳術，使人深思其理，力行其道，就能恢復其本來的精神體質。

⑨然吾……得其概要：謂吾國拳術門派頗多，不能盡學，我因性格與形意、八卦、太極拳等相近，所以深入研究了五十餘年，得到其中要領。

⑩曾著……其眞意焉：謂過去我曾著有《形意拳學》《八卦拳學》《太極拳學》已刊行於世，今又筆述昔年所聞先輩之言，成一專書，以傳先輩的眞意。

⑪按一派拳術……或有異耳：謂對於一派拳術，諸位先輩的論述與形式，也有不同的，因之在運用時或有不同之處。

⑫形意拳之誠一……抱元守一也：「一」指道而言。「誠一」，謂誠於道。

⑬古人云……萬事畢也：此老子語。「一」，指陰陽諧和的自然之道。天

得此道則清，地得此道則安，人得此道則明智。萬事各得其道，則萬事無所不成。

⑭三派之理……合而為一者也：是說此三派的理論，皆自虛無開始，又皆以虛無終結。所以此三派諸先生所練拳術之道，能與儒家誠中之理、釋家虛中之理、道家空中之理，合而為一。

⑮余深……以公同好：是說我深恐諸先生多年苦心研究所得的精髓，久而湮沒，故述之成書，以公於世。余：代詞，表第一人稱。淹沒：當為「湮沒」。

# 序①

祿堂先生既著形意、八卦、太極三書行世嘉惠後學，厥功匪淺，然猶懼不知者以拳術為禦侮之具，僅憑血氣之勇也，於是有《拳意述真》之作，凡拳中之奧義，闡發無遺，平日所聞之諸先生輩者一一筆之於書，使好拳術者，由此而進於道焉，俾武術之真義不致湮沒，此先生之苦心也。其以「述真」名者，蓋本述而不作之意，於此益見先生之謙德已。

民國十二年歲次癸亥冬月吳心穀拜讀並識

【注釋】

①原書無此「序」字。

# 拳意述真　目次①

## 第四章　形意拳……五二

【注釋】

①本書後文的章節標題，多處與此目次不同，現統一按本目次改正，後不再另注。

②襄：原文「武禹讓」誤，改為「武禹襄」。後同，不另注。

# 第一章　形意拳家小傳

## 李洛能①先生

李先生諱飛羽，字能然，世稱老能先生，或曰洛能、洛農、老農，皆一音之轉也。直隸深縣人，經商於山西太谷。喜拳術，聞縣境有戴龍邦②先生者，善形意拳，往訪焉。覿面一見，言談舉止，均甚文雅，不似長武術者，心異之，辭去。他日倩人③介紹，拜為門下，時先生年三十七歲也。

自受教後，晝夜練習，二年之久，所學者，僅五行拳之一行，即劈拳，並半趟④連環拳耳。雖所學無多，而心中並不請益⑤，誠心習練，日不間斷。

是年龍邦先生之母八十壽誕，先生前往拜祝，所至之賓客，非親友，即龍

邦先生之門生。拜壽之後，會武術者皆在壽堂練習，各盡其所學焉。惟先生只練拳趟半，龍邦先生之母，性喜拳術，凡形意拳之道理並形式，無所不曉，遂問先生，為何連環拳只練半趟。先生答曰：僅學此耳。當命龍邦先生曰：此人學有二年之久，所教者甚少，看來到⑥是忠誠樸實，可以將此道理，用心教授之。龍邦先生本是孝子，又受老母面諭，乃盡其所得乎心者而授之先生。先生精心練習，至四十七歲，學乃大成，於形意拳之道理，無微不至矣！

每與人相較，無不隨心所欲，手到功成，當時名望甚著，北數省人皆知之。教授門生郭雲深、劉奇蘭、白西園、李太和、車毅齋、宋世榮諸先生等。於是先生名聲愈著，道理愈深。

本境有某甲，武進士也，體力逾常人，兼善拳術，與先生素相善，而於先生之武術，則竊有不服，每蓄意相較，輒以相善之故，難於啟齒。一日會談一室，言笑一如平常，初不料某甲之蓄意相試，毫無防備之意，而某甲於先生行動時，乘其不意，竊於身後即捉住先生，用力舉起。及一伸手，而身體已騰空

斜上，頭顱觸入頂棚之內，復行落下，兩足仍直立於地，未嘗傾跌。

以邪術疑先生，先生告之曰：是非邪術也，蓋拳術上乘神化之功，有不見不聞之知覺，故神妙若此，非汝之所知也。時人遂稱先生曰「神拳李能然」。年八十餘歲，端坐椅上，一笑而逝。

**【注釋】**

①李洛能：河北深縣人。名飛羽，字能然。世稱洛能或洛農，乃為「老能」尊稱傳音之誤。據今人考證，生卒年約為一八〇六—一八九〇年。相傳為戴龍邦弟子，今人考證，認為係郭維漢所傳，一說是戴文勳（龍邦之子）所傳。

②戴龍邦：山西太谷縣人，一說是祁縣人。一般記載為曹繼武傳人，但也有不同說法，各持所據，莫衷一是。

③倩：音ㄑㄧㄥˋ，倩人：央求請托別人做某事。

④半趟：原文「蹚」，音ㄊㄤˋ，從有水、草的地方走過去；此處當作「

趟」，指來往的次數，後同，不另注。

⑤請益。音ㄑㄧㄥˇ ㄧˋ，請求增加或要求老師再講一遍。

⑥到：當作「倒」。

## 郭雲深①先生

郭先生諱峪生，字雲深，直隸深縣馬莊人。幼年好習拳術，習之數年，無所得，後遇李能然先生，談及形意拳術，形式極簡單而道則深奧，先生甚愛慕之。能然先生視先生有真誠之心，遂收為門下，口傳手授。先生得傳之後，心思會悟，身體力行，朝夕習練數十年。

能然先生傳授手法，二人對手之時，倏忽之間，身已跌出二丈餘，並不覺有所痛苦，只覺輕輕一划，遂飄然而去。先生既受能然先生所教拳術三層之道理，以至於體用規矩法術之奧妙，並劍術刀槍之精巧，無所不至其極。

常遊各省，與南北二派同道之人交接甚廣，閱歷頗多。亦嘗戲試其技，令有力壯者五人，各持木棍，以五棍之一端，頂於先生腹，五人將足立穩，將力使足，先生一鼓腹，而五壯年人，一齊騰身而起，跌坐於丈餘之外；又練虎形拳，身體一躍，至三丈外。

先生所練之道理，腹極實而心極虛，形式神氣沉重如泰山，而身體動作輕靈如飛鳥。所以先生遇有不測之事，只要耳聞目見，無論何物，來的如何勇猛速快，隨時身體皆能避之。先生熟讀兵書，復善奇門②，著有《解說形意拳經》，詳細明暢，賜予收藏，後竟被人竊去，不知今藏何所，未能付梓流傳，致先生啟逮③後學之心，湮沒不彰，惜哉！先生懷抱絕技奇才，未遇其時，僅於北數省教授多人，後隱於鄉閭，至七十餘歲而終。

【注釋】

①郭雲深：拜能然先生為師，深得形意拳之精微奧義。與人交手，僅用半

步崩拳擊人從未曾敗，故有「半步崩拳打天下」之威名，為河北派形意拳之代表人物。他對發展和完善形意拳之理論有著不可磨滅的功績，並為後來形意拳成為一大名拳奠定了基礎。他總結出練形意拳的三層道理、三種練法、三步功夫，後面有詳細敘述。

②奇門：術數之一種，《奇門遁甲》是中國古代術數著作，亦簡稱《遁甲》。

③啓逮：比喻引導啓迪後學，使其達到或取得某種成就。啓：引導、啓迪；逮：到達、得到。此詞原出處未詳，或是脫化自「津逮」（由津渡而到達）一詞。

## 劉奇蘭先生

劉先生，字奇蘭，直隸深縣人，喜拳術，拜李能然先生為師，學習形意拳術。先生隱居田廬，教授門徒，聯絡各派，無門戶之見，有初見先生，數言即拜服為弟子者。

先生至七十餘歲而終。弟子中，以李存義、耿誠信、周明泰三先生藝術為最。其子殿臣，著《形意拳抉微》①，發明先生之道。

【注釋】

①《形意拳抉微》：亦作《形意拳術抉微》；劉殿臣，亦作劉殿琛。

## 宋世榮先生

宋世榮①先生，宛平人，喜崑曲、圍棋，性又好拳術。在山西太谷開設鐘錶鋪。聞李能然先生拳術高超，名冠當時，托人引見，拜為門下。自受教後，晝夜勤苦習練，迄不間斷。所學五行拳及十二形，無不各盡其妙。

練習十二形中蛇形之時，能盡蛇之性能，回身向左轉時，右手能攝住右足

跟；及向右轉時，左手能攝住左足跟；回身停式，身形宛如蛇盤一團；開步走趟，身形委曲彎轉②，又如蛇之撥草蜿蜒③而行也。

練燕形之時，身子挨著地，能在板凳下邊一掠而過，出去一丈餘遠，此式之名，即叫燕子抄水。又練狸貓上樹（此係拳中一著之名目），身子往上一躍，手足平貼於牆，能粘一二分鐘時。

當時同門同道及門外之人，見者固極多，現時曾親覩④先生所練各式之技能者，亦復甚夥⑤。蓋先生格物之功甚深⑥，能各盡其性，故其傳神也若此。

昔伶人某，與先生相識，云在歸化城時，親見先生與一練技者比較，二人相離丈餘，練技者挺身一縱，甫一出手，其身已如箭之速，跌出兩丈有餘，而先生則毫無動轉，只見兩手於練技者之身一划耳！

余二十餘歲時，住於北京小席兒胡同白西園先生處，伶人某與白先生對門居，聞其向白先生言如此。民國十二年一月間，同門人某往太谷拜見先生，先生時年八十餘歲矣，精神健壯，身體靈動，一如當年。歸後告於予曰，先生談及拳術時，仍復眉飛色舞，口言其理，身比其形，殊忘其身為耄耋翁，且歎後進健者之不如焉！

**【注釋】**

①宋世榮：原書記載民國十二年（一九二三年）一月，有人去山西拜訪宋先生，當時他已八十餘歲，按此推算，宋先生生年約在一八四一年左右。師事李能然先生。他還居山西太谷，將形意拳復傳至山西，是山西派形意拳代表人物。宋先生一生研究形意拳，對拳理頗多心得，有很多精闢論述，著有《內功經》一書，包括《納卦經》《神運經》《地龍經》等，是研究形意拳的珍貴資料。

②彎轉：原文「灣」當作「彎」。彎：折，使彎曲。後同，不另注。

③蜿蜒：原文「蜿蜓」誤，改為「蜿蜒」。

④覩：古同「睹」。後同，不另注。

⑤夥：音ㄏㄨㄛˇ，多。

⑥格物之功甚深：格物，《禮記・大學》「致知在格物。」朱熹注解，「格物為窮至事物之理」。致知是說要得到知識、學問。這裡說宋世榮先生格物之功甚深，就是說，他對事物的道理，窮研細究到極深透，故而能體會到拳中之各形之性能和神意，在練時才能傳神並盡其能事。

## 車毅齋①先生

車先生永宏，字毅齋，山西太谷縣人，家中小康，師李能然先生，學習拳術。先生自得道②後，視富貴如浮雲，隱居田間，教授門徒甚多，能發明之道者，山西祁縣喬錦堂先生為最。先生樂道，始終如一。至八十餘歲而終。

**【注釋】**

①車毅齋：生於一八三三年，至八十餘歲而終，卒於一九一五年左右。精

形意拳，與宋世榮先生同為山西派形意拳的代表人物。

②得道：是指得拳術之道。指拳中之精微奧義俱能心領神會。

## 張樹德先生

張先生字樹德，直隸祁州人，幼年好習武術，拜李能然先生為師，練拳並劍刀槍各術，合為一氣，以拳為劍，以劍為拳。所用之槍法極善，有來訪先生比較槍法者，皆為先生所敗。

先生隱居田間，教門徒頗多。門徒承先生之技術者，亦不乏人。先生至八十餘歲而終。

## 劉曉蘭先生

劉先生字曉蘭，直隸河間縣人，為賈於易州西陵。性喜拳術，幼年練八極拳，工夫極純。後又拜李能然先生為師，研究形意拳術，教授門徒，直省最多。老來精神益壯。八十餘歲而終。

## 李鏡齋先生

李先生①字鏡齋，直隸新安縣人，以孝廉歷任教授。性好拳術，年六十三拜李能然先生為師，與郭雲深先生相處最久，研究拳術。練至七十餘歲，頗得拳術之奧理，動作輕靈，仍如當年。

先生云：「至此方知拳術與儒學之道理，並行不悖，合而為一者也。」②

李先生壽至八十而終。

【注釋】

①李先生：原文「李生先」誤，改為「李先生」。

②至此方知拳術與儒學……合二為一者也：無論形意、八卦、太極哪種拳，都要求內部精、氣、神圓滿無虧，操練身法要求伸縮往來，開合進退，不偏不倚，不凹不凸，無過不及。《尚書・大禹謨》有「允執厥中」，意即守中道，無過不及也。拳術之理與此相合，並行不悖。

## 李存義①先生

李先生，名存義，字忠元，直隸深縣人。輕財好義，性喜拳術，幼年練習長短拳，後拜劉奇蘭先生之門，學形意拳術，習練數十年。

為人保鏢，往來各省，途中遇盜賊，手持單刀對敵，賊不敢進；或聞先生之名，義氣過人，避道者，故人以「單刀李」稱之。民國元年，在天津創辦武士會，教授門徒，誨人不倦，七十餘歲而終。

【注釋】

①李存義：字忠元（一八四七——一九二一年），是使河北派形意拳發揚光大的重要人物。他曾拜董海川先生為師，學習八卦拳。一九〇〇年間，曾參與義和拳對八國聯軍在天津老龍頭的戰役，血透重衣，猶深入戰陣劈敵無數。李先生對拳術多有論述，著有木版本之《五行拳譜》《連環拳譜》《八字功拳譜》《形意眞詮》及未出版之拳譜多篇。

## 田靜傑先生

田先生字靜傑，直隸饒陽縣人。性好拳術，拜劉奇蘭先生為師。先生保鏢護院多年，生平所遇奇事甚多，惜余不能記憶，故未能述之。先生七十餘歲，在田間朝夕運動，以藥①晚年。

【注釋】

①藥：繁體字「樂」的誤寫。

## 李奎垣先生

李先生諱殿英，字奎垣，直隸淶水縣山後店上村人。幼年讀書，善小楷，性喜拳術，從易州許某學彈腿、八極等拳，功夫極純熟，力量亦頗大。先生在壯年之時，保鏢護院，頗有名望，每好與人較技，時常勝人。後遇郭雲深先生，與之比較，先生善用腿，先生之腳方抬起，見雲深先生用手一划，先生身後有一板凳，先生之身體，從板凳躍過去，兩丈餘遠，倒於地下矣。

先生起而謝罪，遂拜為門下，侍奉雲深先生如父子然。後蒙雲深先生教授數年，晝夜習練，將所受之道理，表裏精微，無所不至其極矣。

余從先生受教時，先生之技術，未甚精妙。先生自得道後，常為書記，不輕言拳術矣。余遂侍從郭雲深先生受教。先生雖不與人輕言拳術，而仍練拳不懈，他人所不知也。先生至七十餘歲而終。

## 耿誠信先生

耿先生，名繼善，字誠信，直隸深縣人。喜拳術，拜劉奇蘭先生為師，學習形意拳。隱居田間，以道為樂①，傳授門徒多人。七十餘歲，身體輕靈，健壯仍如當年。

【注釋】

①以道為樂：指拳術之道。

## 周明泰先生

周先生，字明泰，直隸饒陽縣人。幼年在劉奇蘭先生家為書童，喜拳術，遂拜奇蘭先生為師。練習數載，保鏢①多年。直隸鄭州②一帶，門徒頗多，六十餘歲而終。

【注釋】

①原文「保標」誤，改為「保鏢」。

②鄭州：在今河北省任縣北。

## 許占鰲先生

許先生，名占鰲，字鵬程，直隸定縣人。家中小康，幼年讀書，善八法①，性喜拳術。專聘教習練習長拳、刀槍劍術。身體輕靈似飛鳥，知者皆以「賽毛」稱之。後又拜郭雲深先生為師，學習形意拳術。傳授門徒頗多，六十餘歲而終。

【注釋】

①八法：指書法用筆，以永字八筆為例，名永字八法。此處善八法，言其工書法也。

# 第二章　八卦拳家小傳

## 董海川先生

董海川①先生，順天②文安縣朱家塢人，喜習武術，嘗涉跡江皖間，遇異人傳授，居三年，拳術劍術及各器械，無不造其極。歸後入睿王府③當差，人多知其有奇技異能，投為門下受教者絡繹不絕。

所教拳術，稱為八卦，其式形，皆是河圖洛書④之數；其道體，俱是先天後天⑤之理，其用法，乃八八六十四卦之變化而無窮；一部易理，先生方寸之間，體之無遺，是以先生行止坐臥，動作之際，其變化之神妙，非常人所能測

也。

居嘗跏趺⑥靜坐，值夏日大雨牆忽傾倒，時先生趺坐於炕⑦貼近此牆。先生並未開目，弟子在側者，見牆倒之時，急注視先生忽不見，而先生已趺坐於他處之椅上，身上未著點塵。先生又嘗晝寢，時值深秋，弟子以被覆之，輕輕覆於先生身，不意被覆於床，存者僅床與被，而先生不見矣！驚而返顧，則先生端坐於臨牕⑧之一椅，謂其人曰：「何不言耶，使我一驚。」

蓋先生之靈機至是，已臻不見不聞即可知覺之境，故臨不測之險，其變化之神妙，有如此者。《中庸》云：「至誠之道，可以前知。」即此義也。

年八十餘歲，端坐而逝。弟子尹福、程廷華等，葬於東直門外榛椒樹東北紅橋大道旁，諸門弟子建碑，以志其行焉。

**【注釋】**

①董海川：生於清嘉慶元年（一七九六年，據習雲太《中國武術史》二三

六頁載），卒於光緒八年（一八八二年，據一九八四年《武林精粹》第一輯九五頁載董之弟子八人所立碑之碑文所記），享年八十六歲。一九八二年將墳遷至北京萬安公墓（董之生年，其說不一，有清嘉慶元年、二年、九年、十八年之說；卒年係光緒八年無誤）。

②順天：舊府名。其轄區約在北京四周，共五州十九縣，中有文安縣。

③睿王府：原文如此。而董海川供職王府一事，有多種版本不一，諸說待考。

④河圖洛書：見《周易・繫辭》：「河出圖洛出書，聖人則之。」孔疏引《春秋緯》說：河龍圖發，洛龜書感。河圖有九篇，洛書有六篇。孔安國以為河圖則八卦是也，洛書則九疇是也。

⑤先天後天：八卦按其方位分為先天八卦，後天八卦。是宋儒根據《周易・說卦傳》所繪定。

⑥趺：原文「趺」是跏趺的「趺」誤寫，後同，不另注。跏趺：音ㄐㄧㄚ ㄈㄨ，

原是佛教中修禪者的坐法，後亦泛指靜坐，端坐。

⑦炕：原文「坑」誤，改為「炕」。

⑧牕：音ㄔㄨㄤ，同「窗」。

## 程廷華先生

程廷華①先生，直隸深縣人，居北京花市大街四條，以眼鏡為業，性喜武術，未得門徑，後經人介紹拜董海川先生為師，所學之拳，名為遊身八卦連環掌。自受傳後，習練數年，得其精微，名聲大振，人稱之為「眼鏡程」，無人不知之也。

同道之人，來比較者甚多，無不敗於先生之手者，因此招人之忌，一日晚先生由前門返鋪中，行至蘆草園，正走時，忽聞後有腳步聲甚急，先生方一回頭，見尾隨之人手使砍刀一把，光閃曜目，正望著先生之頭劈下。先生隨即將身往下一縮，倏忽越出七八尺，其刀落空，旋即回身，奪其刀以足踢倒於地，以刀擲之，曰：「朋友，回家從②用工夫，再來可也。」不問彼之姓名，徜徉而去，當時有數人親眼見之。

在京教授門徒頗多，其子海亭，亦足以發明先生技術之精奧者矣。

**【注釋】**

①程廷華：係董海川先生弟子中的佼佼者，他曾代師傳藝，並廣授門徒，對八卦拳的發展傳播影響很大，後來自成一家。一九〇〇年，八國聯軍入侵北京時，他奮起抗擊，隻身殺敵多人，後因寡不敵衆，為火器圍擊，終於為維護民族的尊嚴而獻身。

②從：從新，即重新，從頭另行開始。

# 第三章　太極拳家小傳

## 楊露禪①先生

楊先生，字露禪，直隸廣平府人，喜拳術，得河南懷慶府陳家溝子之指授，遂以太極名於京師，來京教授弟子，故京師之太極拳術，皆先生所傳也。

【注釋】

①楊露禪：廣平府永年縣人。生於一七九九年，卒於一八七二年。師陳長興，武藝高超，據本書記載，楊先生功臻不見不聞而能覺而避之之境界，有「楊

無敵」之稱，是楊氏太極拳創始人。原文「露蟬」改為「露禪」。楊名向有「露禪」「祿禪」「露蟬」之不一，本書統一作「露禪」。

## 武禹襄①先生

武先生，字禹襄，直隸廣平府人，往河南懷慶府趙堡鎮陳清平先生處，學習太極拳術，研究數十年，遇敵制勝，事蹟最多。郝為楨先生言之不詳，故未能述之。

**【注釋】**

①武禹襄（一八一二——一八八〇年）：直隸廣平府永年縣人。武氏太極拳創始人。

## 郝為楨①先生

郝先生，諱和，字為楨，直隸廣平永年縣人，受太極拳術於亦畬先生。昔年訪友來北京，經友人介紹，與先生相識。見先生身體魁偉，容貌溫和，言皆中理，身體動止，和順自然，余與先生遂相投契。

未幾，先生患痢疾甚劇，因初次來京不久，朋友甚少，所識者，惟同鄉楊建侯先生耳。余遂為先生請醫服藥，朝夕服侍，月餘而愈。先生呼余曰：「吾二人本無至交，萍水相逢，如此相待實無可報。」余曰：「此事先生不必在心，俗云四海之內皆朋友，況同道乎。」先生云：「我實心感，欲將我平生所學之拳術，傳與君，願否？」余曰：「恐求之不得耳。」

故請先生至家中，余朝夕受先生教授，數月得其大概。後先生返里，在本縣教授門徒頗多。先生壽七十有餘歲而終，其子月如能傳先生之術，門徒中精先生之武術者亦不少矣。

【注釋】

①郝為楨（一八四七—一九二〇年）：太極拳受教於李亦畬（一八三二—一八九二年）先生，復經過自己的體驗發展創郝氏太極拳術。

# 第四章　形意拳

## 述郭雲深先生言　十四則

### 一則

郭雲深先生云：「形意拳術有三層道理，有三步功夫，有三種練法。」

**三層道理**

一煉精化氣；二煉氣化神；三煉神還虛（練之以變化人之氣質，復其本然之眞也）①。

## 三步功夫

一**易骨**。練之以築其基，以壯其體，骨體堅如鐵石，而形式氣質，威嚴狀似泰山。

二②**易筋**。練之以騰其膜，以長其筋（俗云筋長力大），其勁縱橫聯絡，生長而無窮也。

三**洗髓**。練之以清虛其內，以輕鬆其體，內中清虛之象，神氣運用，圓活無滯，身體動轉，其輕如羽（拳經云：「三回九轉是一式」，即此意義也）③。

## 三種練法

一**明勁**。練之總以規矩不可易，身體動轉要和順而不可乖戾，手足起落要整齊而不可散亂。拳經云：「方者以正其中」④，即此意也。

二**暗勁**。練之神氣要舒展而不可拘，運用圓通活潑而不可滯。拳經云：「圓者以應其外」⑤，即此意也。

三**化勁**。練之周身四肢動轉，起落、進退皆不可著力，專以神意運用之。雖是神意運用，惟形式規矩，仍如前二種不可改移。雖然周身動轉不著力，亦不能全不著力，總在神意之貫通⑥耳。拳經云：「三回九轉是一式」，亦即此意義也。

【注釋】

①一煉精化氣……復其本然之眞也：李東垣先生曰：「人自虛無而生神，積神而生氣，積氣而生精，此自無而之有也。煉精而化氣，煉氣而化神，煉神而還虛，此自有而之無也。拳術之道，生化之理，其即此意也夫！」「煉精化氣」等，為內丹學以人的身體為鼎爐，修煉「精氣神」等的術語，原稿此處「練」當作「煉」。後同，不另注。

②原稿「一」誤，改為「二」。

③三洗髓……即此意義也：是說在練拳過程中，內中要空虛，身體要自然鬆柔，神氣運轉及身體動作，都應圓活無滯。拳經說：「三回九轉是一式」，三回者，煉精化氣、煉氣化神、煉神還虛，即明勁暗勁化勁是也。三回者，明暗化勁是一式；九轉者，九轉純陽也。化至虛無，而還於純陽。

才能整齊。

④方者以正其中：方，法也，道也。遵其法才能中而合乎規矩，手足起落

⑤圓者以應其外：物之豐滿曰圓，渾圓形容周邊無缺，練習拳術時，神氣舒張，運用圓通不滯。從外形觀之，似一圓形運轉而無窮。

⑥神意之貫通：原文「神意拳貫通」誤，改為「神意之貫通」。

## 一節　明　勁

明勁者，即拳之剛勁也。易骨者，即煉精化氣易骨之道也。因人身中先天之氣與後天之氣不合，體質不堅，故發明其道。

大凡人之初生，性無不善，體無不健，根無不固，純是先天。以後，知識一開，靈竅一閉，先後①不合，陰陽不交，皆是後天血氣用事。故血氣盛行，正氣衰弱，以致身體筋骨不能健壯。

故昔達摩大師傳下易筋、洗髓二經，習之以強壯人之身體，還其人之初生

本來面目。後宋岳武穆王擴充二經之義，作為三經：易骨、易筋、洗髓也。將三經又製成拳術，發明此經道理之用。拳經云：「靜為本體，動為作用。」與古之五禽、八段練法有體而無用者不同矣。

因拳術有無窮之妙用，故先有易骨、易筋、洗髓，陰陽混成，剛柔悉化，無聲無臭，虛空靈通之全體，所以有其虛空靈通之全體，方有神化不測之妙用。故因此拳是內外一氣，動靜一源，體用一道，所以靜為本體，動為作用也。因人為一小天地，無不與天地之理相合，惟是天地之陰陽變化皆有更易。

人之一身既與天地道理相合，身體虛弱，剛戾之氣，豈不能易乎？故更易之道，弱者易之強，柔者易之剛，悖者易之和，所以三經者，皆是變化人之氣質，以復其初也。

易骨者，是拳中之明勁，煉精化氣之道也。將人身中散亂之氣，收納於丹田之內，不偏不倚，和而不流，用九要之規模鍛鍊②，練至於六陽純全③，剛健之至，即拳中上下相連，手足相顧，內外如一。至此，拳中明勁之功盡，易骨之勁全，煉精化氣之功亦畢矣。

【注釋】

①先後：原文「先天」誤，改為「先後」。

②九要：一要塌，二要扣，三要提，四要頂，五要裹，六要鬆，七要垂，八要縮，九要起鑽落翻分明（詳見《八卦拳學》第三章）。原文「煅練」當作「鍛鍊」。後同，不另注。

③六陽純全：指乾卦而言，乾卦六爻皆陽，故曰純全。乾為健、為陽，六陽純全才能剛健之至（在此是比喻，指拳功練得像乾卦那樣剛健，象徵純陽）。

## 二節　暗　勁

暗勁者，拳中之（柔勁也柔勁與軟不同：軟中無力，柔非無力也），即練氣化神、易筋之道也。先練明勁，而後練暗勁，即丹道小周天止火，再用大周天功夫之意①。明勁停手，即小周天之沐浴也，暗勁手足停而未停，即大周天

四正之沐浴②也。

拳中所用之勁，是將形氣神（神即意也）合住，兩手往後用力拉回（內中有縮力），其意如拔鋼絲。兩手前後用勁，左手往前推，右手往回拉；或右手往前推，左手往回拉，其意如撕絲綿；又如兩手拉硬弓，要用力徐徐拉開之意，兩手或右手往外翻橫，左手往裏裹勁；或左手往外翻橫，右手往裏裹勁，如同練鼉形之兩手，或是練連環拳之包裹拳。

拳經云：「裹者如包裹③之不露。」兩手往前推勁，如同推有輪之重物，往前推不動之意，又似推動而不動之意。兩足用力，前足落地時，足跟④先著地，不可有聲。然後再滿足著地，所用之勁，如同手往前往下按物一般。後足用力蹬勁，如同邁大步過水溝之意。

拳經云：「腳打採意不落空」，是前足；「消息全憑後腳蹬」，是後足；「馬有跡蹄之功」，皆是言兩足之意也。兩足進退，明勁暗勁，兩段之步法相同。惟是明勁則有聲，暗勁則無聲耳。

## 【注釋】

①先練明勁……再用大周天功夫之意：丹道小周天止火再用大周天功夫，即道家內丹術功法的第一階段，是煉精化氣的過程，稱之小周天。內丹術認為，人到成年，由於物欲耗損，先天之精氣不足，必須用先天元氣溫煦它，使之充實，並使之重返先天精氣，這就是小周天煉精化氣過程的目的。完成這步功法，即可防病祛病。

內丹術的特點，是要求內氣在身體內按經絡路線，循環周轉，早期曾稱之為「金液還丹」（宋·翁葆光《悟眞篇注序》），也曾稱為「河車搬運」（明·陸潛虛《玄膚論》），以後就借用天文學上「周天」一詞（明·伍守陽《天仙正理》）。

也有把小周天運轉的路線，稱為「天經」（元·俞玉吾《席上腐談》）的。這種內氣運轉的小周天過程，是指內氣從下丹田開始，逆督脈而上，沿任脈而下，經尾閭、夾脊、玉枕三關，上、中、下三丹田和上下鵲橋作周流運轉。

大周天是內丹術功法中的第二階段，即煉氣化神的過程，是在小周天階段基礎上進行的。內丹術認為，由大周天，使神和氣密切結合，相抱不離，以達到延年益壽的目的。所以稱之為「大」，是由於它的內氣流行，除在督任二脈外，也在其他經脈上流行，範圍大於小周天，故稱為大周天。它的運行路線，可因人而異，有沿奇經八脈運行，也有僅沿督任及其他一、二條經脈運行，甚至有沿十二正經中某幾條經脈走的。拳功中之明勁相當丹道小周天功夫，暗勁相當於大周天功夫，所以先練明勁而後練暗勁。

②沐浴：是泛指在練內丹功過程中，所應掌握的原則和要求，以及在練功中的某階段所應掌握的一種火候。行沐浴尚有許多內容，在內丹功中如，要求清心寡慾，培養高尚品德。《丹法二十四訣》：「滌垢洗塵沐浴方，勿忘勿助合陰陽。諸緣不起丹元固，養得眞靈花蕊芳。」又如，要求練功時能有「眞氣薰蒸」「神水灌溉」的感覺和效應；要求正確掌握在練功的某階段中所應掌握的火候，如小周天功文風武火呼吸法，「退陽火」「進陰符」過程中，行的「卯時沐浴」

「酉時沐浴」中的呼文吸武（吸時著意而長，呼時無心而短）、呼武吸文（呼時著意而長，吸則無心而短）等皆屬沐浴。在拳功中，明勁配合內功之停手即小周天之沐浴，暗勁配合內功之手足停而未停即大周天四正之沐浴。

③包裹：原文「包裹」誤，改為「包裹」。

④足跟：原文「根」通「跟」，現改為「足跟」。後同，不另注。

## 三節 化勁

化勁者，即練神還虛，亦謂之洗髓之功夫也。是將暗勁練到至柔至順，謂之柔順之極處、暗勁之終也。丹經云：「陰陽混成，剛柔悉化，謂之丹熟。」柔勁之終，是化勁之始也。所以再加向上工夫①，用練神還虛，至形神俱杳，與道合真，以至於無聲無臭，謂之脫丹矣。拳經謂之「拳無拳，意無意，無意之中是真意」②，是謂之化勁練神還虛，洗髓之工畢矣。

化勁者，與練划勁不同，明勁暗勁，亦皆有划勁。划勁是兩手出入起落俱

短，亦謂之短勁，如同手往著牆抓去，往下一划，手仍回在自己身上來，故謂之划勁。練化勁者，與前兩步工夫之形式無異，所用之勁不同耳。拳經云：「三回九轉是一式」，是此意也。

三回者，練精化氣，練氣化神，練神還虛，即明勁、暗勁、化勁是也。三回者，明、暗、化勁是一式。九轉者，九轉純陽也，化至虛無而還於純陽，是此理也。所練之時，將手足動作，順其前兩步之形式，皆不要用力，並非頑空不用力，周身內外，全用真意運用耳。手足動作所用之力，有而若無，實而若虛。腹內之氣，所用亦不著意，亦非不著意，意在積蓄虛靈之神耳。

呼吸似有似無，與丹道工夫陽生至足，採取歸爐、封固、停息③、沐浴之時，呼吸相同。因此，似有而無，皆是真息，是一神之妙用也。《莊子》云：「真人之呼吸以踵」④，即是此意。非閉氣也，用工練去，不要間斷，練到至虛，身無其身，心無其心，方是形神俱妙，與道合真之境。此時能與太虛同體矣。

以後練虛合道，能至寂然不動，感而遂通，無入而不自得，無往而不得其道，無可無不可也。拳經云：「固靈根而動心者，武藝也；養靈根而靜心者，修道也⑤」。所以形意拳術與丹道合而為一者也。

**【注釋】**

①工夫：「工夫」同「功夫」，後同，不另注。

②拳經謂之……是眞意：接上面的意思，是說拳練到此等功夫，身體內外一氣，舉手投足無不合道，又不為規矩所困囿。即不期然而然，也即古人比之寫字步驟，首先要明規矩，而後守規矩，至純熟而後脫規矩，脫規矩還要合規矩，這時，雖是無意之行動，卻都是眞意，這就是拳中之化勁，即到了隨心所欲自由王國的高級功夫。

③歸爐、封固、停息：皆內丹功中術語，道家將煉精化氣分為六個步驟來鍛鍊，即「煉己」「調藥」「產藥」「採藥」「封爐」「煉藥」。

歸爐、封固、停息是封爐中的功法，「歸爐」係指眞氣產生充盈，用意念導引將其引入任脈進入運行軌道。「封固」指閉塞耳、目、口三關。停息是不行採藥鼓嘘之法，並非閉息。《大成捷要》：「藥既皈爐，須用眞意封固，停息以伏神氣」「將神氣隨呼入，俱伏於氣穴，略停一息之頃，盤旋於丹田之上」，然後再「用眞意率領元氣自坤腹逆上乾頂」。所以於封爐之中，仍要繼續用緊撮穀道（也謂身根不漏）、鼻吸莫呼（也謂鼻根不漏），舌舐上齶（也謂舌根不漏），目不外視（謂眼根不漏）四法，要使一念不生，一意不散，六欲不起，六塵不染，命根方能固矣。

在形意拳內功中，雖然吸取了上述道家功法，但非完全照搬，而是結合拳法，把道家內功法巧妙地運用在某些樁法和個別拳式之中。在這裡是說練化勁時之呼吸，與上述歸爐、封固、停息、沐浴之時，呼吸相同。

④眞人之呼吸以踵：語出《莊子·大宗師》，原文是「古之眞人……其息深深。眞人之息以踵，衆人之息以喉。」踵，足跟也。王穆夜說：「起息於踵，遍體而深。」劉武說：「息由口經喉，入肺，至足踵，因有經脈以通之。踵息之說，非不可能也。」其實踵息為「深息」，喉息為「淺息」，兩者相對而言。歷

代丹書所說的踵息，多指深長的腹式呼吸。但在存想法中，也有用意念引導呼吸之氣「直達」足踵的。

在拳功中，化勁之呼吸，是和緩而深靜，似有而無，寂然無聲，無出無入，無往無來，呼吸勻細，遍體而深。在拳中所用之力達到若有若無，實而若虛，似有意而無意，無意之中有眞意，與此意相同。

⑤固靈根……修道也：「靈根」一詞出自道教《丹書》《黃庭經》：「玉池清水灌靈根」，「玉池清水上生肥，靈根堅固老不衰」，「灌溉五華植靈根」。靈根，指人有靈性之本，指身體。固本動心的練法是武藝。靜心養本，神不外務的修煉方法，是為修道。

## 二　則

形意拳起點三體式，兩足要單重，不可雙重。單重者，非一足著地，一足懸起，不過前足可虛可實，著重在於後足耳。以後練各形式亦有雙重之式。雖

然是雙重之式，亦不離單重之重心。以至極高、極俯、極矮、極仰之形式，亦總不離三體式單重之中心。故三體式為萬形之基礎也①。

三體式單重者，得其中和之起點②，動作靈活，形式一氣，無有間斷耳。雙重三體式者，形式沉重，力氣極大。惟是陰陽不分，乾坤不辨，奇偶不顯，剛柔不判，虛實不明，內開外合不清，進退起落動作不靈活③。

所以形意拳三體式，不得其單重之中和，先後天亦不交，剛多柔少，失卻中和，道理亦不明，變化亦不通，自被血氣所拘，拙勁所捆，此皆是被三體式雙重之所拘也。若得著單重三體式中和之道理，以後行之，無論單重、雙重各形之式，無可無不可也。

**【注釋】**

①萬形之基礎也：原文「萬形基礎之也」植字錯位，改為「萬形之基礎也」。

②三體式……之起點：三體式之中和，即指單重，虛實分明，前後相顧，

內外一氣，都是按陰陽之理而立論的，上下左右、進退起落動作，從容自然，氣沉丹田，靈活沉穩，一動一靜皆合於道。三體式為形意拳之基礎，所以說這是得中和之起點。

③形式沉重……動作不靈活：此皆雙重之弊，虛實不分，變化不靈，因為拙氣拙力所捆，周身氣行不能完整無缺，有失中和之道，初學者極應注意。

## 三　則

形意拳術之道，練之極易，亦極難。易者，是拳術之形式至易至簡而不繁亂。其拳術之始終、動作運用，皆人之所不慮而知，不學而能者也。周身動作運用，亦皆年常①之理。惟人之未學時，手足動作運用無有規矩而不能整齊，所教授者，不過將人之不慮而知、不學而能、平常所運用之形式入於規矩之中，四肢動作而不散亂者也。果練之有恆而不間斷可以至於至善矣。若到至善處，諸形之運用，無不合道矣。

以他人觀之，有一動一靜、一言一默之運用，奧妙不測之神氣，然而自己並不知其善於拳術也。因動作運用皆是平常之道理，無強人之所難，所以拳術練之極易也。《中庸》云：「人莫不飲食也，鮮能知味也」②。

難者，是練者厭其拳之形式簡單而不良於觀，以致半途而廢者有之，或是練者惡其道理平常而無有奇妙之法則，自己專好剛勁之氣，身外又務奇異之形，故終身練之而不能得著形意拳術中和之道也。因此好高務遠③，看理偏僻，所以拳術之道理，得之甚難。《中庸》云：「道不遠人，人之為道而遠人」④，即此意義也。

【注釋】

①年常：即常年，經常之意。

②人莫不飲食也，鮮能知味也：是說，飲食是人人都會的事，而能品嘗其中之味道的卻很少。練拳也是一樣，從拳術的套路來說，人都可以學會，但深入

理解其中奧妙之道的，那是很少的。

③好高務遠：「好高務遠」同「好高騖遠」。「務」同「騖」，追求之意。

④道不遠人，人之為道而遠人：《禮記・中庸》：「道不遠人，人之為道而遠人，不可以為道。」各種事物都有其自身之道，只要自己執意去尋，便能得道。

拳術之道也是如此，形意拳之道至簡且易，因為太簡易，很多人不屑去學它，於是便永遠不瞭解它。反之，如果把這極簡單的形式，極易為的動作，納入拳術中規則法度，日日鑽研，久之，就會練到妙處，投足舉手皆合於道了。

## 四則

形意拳術之道無他，神、氣二者而已。丹道始終全仗①呼吸。起初大小周天，以及還虛之功者，皆是呼吸之變化耳。拳術之道亦然，惟有鍛鍊形體與筋骨之功。丹道是靜中求動，動極而復靜也。拳術是動中求靜，靜恒②而復動

也。其初練之似異，以至還虛則同。形意拳經云：「固靈根而動心者③，敵將也；養靈根而靜心者④，修道也。」所以形意拳之道，即丹道之學也。

丹道有三易：煉精化氣、煉氣化神、煉神還虛；拳術亦有三易：易骨、易筋、洗髓。三易即拳中明勁、暗勁、化勁也。練至「拳無拳，意無意，無意之中是真意」，亦與丹道煉虛合道相合也。丹道有最初還虛之功，以至虛極靜篤之時，下元真陽發動，即速迴光返照。凝神入氣穴，息息歸根。神氣未交之時，存神用息，綿綿若存，念茲在茲，此武火⑤之謂也。至神氣已交，又當忘息，以致採取歸爐、封固、停息、沐浴、起火、進退、升降、歸根。俟動而復煉，煉至不動，為限數足滿止火，謂之坎離交媾⑥。此⑦為小周天以至大周天之工夫，無非自無而生有，由微而至著，由小而至大，由虛而積累，皆呼吸火候之變化。文武剛柔，隨時消息，此皆是順中用逆，逆中行順，用其無過不及，中和之道也。此不過略言丹道之概耳。

丹道與拳術並行不悖，故形意拳術，非粗率之武藝。余恐後來練形意拳術之人，只用其後天血氣之力，不知有先天真陽之氣，故發明形意拳術之道，只此神、氣二者而已。故此先言丹道之大概，後再論拳術之詳情⑧。

**【注釋】**

①仗：憑仗。原文「丈」誤，改為「仗」。

②恒：原文「桓」誤，改為「恒」。

③動心者：原文「經心動」誤，改為「動心者」。

④靜心者：原文「將心靜」誤，改為「靜心者」。

⑤武火：《周易參同契》卷下第十，煉內丹功時之火候，即呼吸之法。分武火、文火，煉丹時之進程分為首、中、尾。首尾用武火，中間用文火。武火指火力猛，即有為之火；文火指活力弱，即無為之火。

⑥坎離交媾：原文「妒」字係誤植，應為「媾」字。坎離乃《周易》中的兩種卦象，坎卦為☵，上下兩陰爻，中間一陽爻；離卦為☲，上下兩陽爻，中間

一陰爻。魏伯陽《周易參同契》運用卦象作為丹術的說理工具。

內丹術理論，認為人體在胚胎初兆時（先天），陰陽相合而不分離（「混沌」狀態），此時陰陽純全，渾然一氣。乾卦☰表示其中純陽之氣；坤卦☷表示其中純陰之質。以後在發育過程中，先天一氣開始分化，陰陽相離。以八卦學說分析，即是，乾卦中間的陽爻「損落」一點，「陷入」坤卦中間陰爻。由於這「一點」的變遷，乾卦與坤卦發生了質的變化，乾卦因中爻損落一點，轉化成離卦；坤卦因中爻陷進一點，轉化成坎卦。從此陰陽分離，相隔而不相交，於是從「先天」轉化為「後天」。「後天」的人體中，離卦屬心，心屬火，故稱「離火」；坎卦屬腎，腎屬水，故稱「坎水」。先天渾淪一氣，陰陽純全，有無窮的生命力；後天陰陽解體，日趨耗散，直至生命的終結。由後天返回先天，即「返本還原」，是內丹術理論上的原則，這「返本還原」，必須坎離相交，水火相濟，使坎卦中爻一點向離卦中爻復位，轉回到乾卦的原態。張紫陽《悟眞篇》：「取將坎內中心實，點化離宮腹內陰」，即「取坎塡離」。此亦是傳統醫學中

「心腎相交」的理論，也稱「坎離交媾」，實為誘使腎氣上升，心液下降，使水火升降於中宮，陰陽混合於丹鼎（黃庭），係「小周天」功夫。

⑦此：原文「國」誤，改為「此」。

⑧這一篇是說丹道與拳術並行不悖的比較，至於其中情況，可參看本書後面第八章，本書作者練拳經驗及三派之精意。兩者之相合處，更可明瞭。

## 五　則

郭雲深先生言：練形意拳術有三層之呼吸。

### 第一層練拳術之呼吸

將舌捲回，頂住上齶，口似開非開，似合非合，呼吸任其自然，不可著意於呼吸，因手足動作合於規矩，是為調息①之法則，亦即煉精化氣之工夫也。

### 第二層練拳術之呼吸

口之開合、舌頂上齶等規則照前，惟呼吸與前一層不同。前者手足動作是

調息之法則，此是息調②也。前者口鼻之呼吸，不過借此以通乎內外也。此二層之呼吸著意於丹田之內呼吸也。又名胎息③。是為煉氣化神之理也。

## 第三層練拳術之呼吸，與上兩層之意又不同

前一層是明勁，有形於外；二層是暗勁，有形於內。此呼吸雖有而若無，勿忘勿助之意思，即是神化之妙用也。心中空空洞洞，不有不無，非有非無，是為無聲無臭，還虛之道也。此三種呼吸為練拳術始終本末之次序，即一氣貫通之理，自有而化無之道也。

【注釋】

①調息：調節呼吸的意思。

②息調：呼吸調適也，與前不同，是著意於丹田之內呼吸，雖也有形，只是形於內而已，這是煉氣化神之理。

③胎息：指仿效胎兒之呼吸。《攝生三要》上講：「人在胎中，不以口鼻呼

吸，惟臍帶繫於母之任脈。任脈通於肺，肺通於鼻，故母呼亦呼，母吸亦吸，其氣皆於臍上往來。」古人認為，胎兒由臍帶稟受母氣。此氣循行於任脈與督脈之中，彌散於胎兒全體，以供胎兒生長、發育之需，此稱為胎息，也稱「內呼吸」，是與口鼻的外呼吸相對而言的。胎兒出生以後，臍帶剪斷，從此，外呼吸取代了內呼吸。自此，後天用事，雖有呼吸往來，不得與元始祖氣(母氣)相通。

在上述理論的指導下，靜功意守下丹田，採用腹式呼吸，旨在由外呼吸接通內呼吸，因臍部為一點元陽，所謂以「後天之氣，接引先天之氣」。腹式呼吸，氣貫丹田，稱之「息息歸根」。這樣做的目的，是希望「重返嬰兒，再立胎息」，然而這不過是一種比喻。當意守下丹田，誘發出沿任、督二脈循行的感傳現象，同時，在深度的入靜狀態中，呼吸極度緩慢，在自我體驗上出現所謂「內氣不出，外氣不入」的感覺時，理論上即達到「再立胎息」的練功境界。

古人認為，胎兒無意識，無情緒，沒有精、氣、神的外耗，生命裡最為旺盛。練功達到「再立胎息」的境界，就意味著「返嬰」，意味著取得最佳的保健

效果。

## 六 則

人未練拳術之先，手足動作順其後天自然之性，由壯而老，以至於死。通家逆運先天，轉乾坤，扭氣機，以求長生之術。拳術亦然，起點從平常之自然之道，逆轉其機，由靜而動，再由動而靜，成為三體式。

其姿式，兩足要前虛後實，不俯不仰，不左斜，不右歪。心中要虛空，至靜無物，一毫之血氣不能加於其內，要純任自然虛靈之本體，由著本體而再萌動練去，是為拳中純任自然之真勁，亦謂人之本性，又謂之丹道最初還虛之理，亦謂之明善復初之道。其三體式中之靈妙，非有真傳不能知也。內中之意思，猶丹道之點玄關①、《大學》之言明德②、《孟子》所謂養浩然之氣，又與河圖中五之一點、太極先天之氣相合也。其姿式之中，非身體兩腿站均當中之中也。其中，是用規矩之法則，縮回身中散亂馳外之靈氣，返歸於內，正氣復初，血氣自然不加於其內，心中虛空，是之謂中，亦謂之道心，因此再動。丹書云：「靜則為性，動則為意，妙用則為神。」所以拳術再動，練去謂之先天之真意，則身體手足動作，即有形之物，謂之後天。

以後天合著規矩法則，形容先天之真意，自最初還虛，以至末後還虛，循環無端之理，無聲無臭之德，此皆名為形意拳之道也。其拳術最初積蓄之真意與氣，以致滿足，中立而不倚，和而不流，無形無相，此謂拳中之內勁也（內家拳術之名，即此理也）。

其拳中之內勁，最初練之，人不知其所以然之理，因其理最微妙，不能不詳言之，免後學入於岐③途。初學入門，有三害九要④之規矩。三害莫犯，九要不失其理（《八卦拳學》詳之矣）。

手足動作合於規矩，不失三體式之本體，謂之調息。練時口要似開非開，似合非合，純任自然。舌頂上齶，要鼻孔出氣。平常不練時，以至方練完收式時，口要閉，不可開，要時時令鼻孔出氣。說話、吃飯、喝茶時，可開口，除

此之外，總要舌頂上齶，閉口，令鼻孔出氣，謹要！至於睡臥時，亦是如此。練至手足相合，起落進退如一，謂之息調。手足動作，要不合於⑤規矩，上下不齊，進退步法錯亂，搾動⑥呼吸之氣不均，出氣甚粗，以致胸間發悶，皆是起落進退、手足步法不合規矩之故也。此謂之息不調。因息不調，拳法、身體不能順也。

拳中之內勁，是將人之散亂於外之神氣，用拳中之規矩，手足身體動作，順中用逆，縮回於丹田之內，與丹田之元氣相交，自無而有，自微而著，自虛而實，皆是漸漸積蓄而成，此謂拳之內勁也。丹書云：「以凡人之呼吸，尋真人之呼處」；《莊子》云：「真人呼吸以踵」，亦是此意也。

拳術調呼吸，從後天陰氣所積，若致小腹堅硬如石，此乃後天之氣勉強積蓄而有也。總要呼吸純任自然，用真意之元神，引之於丹田。腹雖實而若虛，有而若無。《老子》云：「綿綿若存」；又云：「虛其心，而靈性不昧；振道心，正氣常存」，亦此意也。此理即拳中內勁之意義也。

**【注釋】**

①玄關：即玄牝。其詞最早見於《老子・六章》，如「谷神不死，是謂玄牝。玄牝之門，是謂天地根。綿綿若存，用之不勤。」意思是，虛空的變化是永不停歇的，稱它為「玄牝」。這幽深的生殖之門，是天地的根源。它連綿不絕地永存著，作用無窮無盡。道教指「玄牝」為人體生命之根本。

內丹家對玄牝的理解，有兩種見解，一種認為是虛指的部位，一種認為有具體的位置。虛指部位，認為它並非實體，也不定位，是不能以形體色相求得的，只是在練功中體現它的存在。《規中指南》：「此一竅亦無邊傍，更無內外，若以形體色相求之，成大錯謬矣。」所以它本無形，「意到即開。開合有時，百日立基，養成氣母，虛室生白，自然見之。」指明它是在練功者意和氣的作用下產生的一種虛相，同時還必須經過相當長時間的鍛鍊，待氣母養成後，才能「開」而出現。《金仙證論》：「機發則成竅，機息則渺茫。」說明玄牝不是在平時所能看得見摸得著的，必須練功到一定程度，待內部氣機發動後，才能有此玄牝的出現；等到氣機平靜後，則又渺茫而不知所在。《道竅談》：「玄關一竅，自虛無中生，不居於五臟、肢體間，今以其名而言，此關為玄妙機關，故曰玄關。」在練功中促使玄牝的出現並取得效益，丹家認為主要在於做到安靜虛無，即可使玄牝出現。《脈望》：「玄牝以靜極而見也。」《皇極闔闢仙經・添油接命章》：「學者到虛極靜篤時，此竅乃現。」《道竅談》：「神凝氣合之時，忽從觀中化出，其大無外，其小無內，則玄牝現象也。」

另一種理解，認為玄牝有具體位置，認為玄牝即丹田，丹功古籍中所謂的「規中、深淵、鄞鄂、北斗、黃庭、氣穴、玄關、玄牝、爐鼎、無竅、內腎、乾鼎、坤腹、祖竅」等等，都是指的丹田。其中玄關、丹田二名最為常用。

②《大學》之言明德：「明德」，《禮記・大學》中語。宋朱熹在《大學章句》中講：明德者，人之所得乎天，而虛靈不昧，以具衆理而應萬事者也。但為氣稟所拘，人欲所蔽，則有時而昏，然其本體之明，則有未嘗息者，故學者當因其所發而遂明之，以復其初也。

③岐：同「歧」。

④三害：一曰努氣，二曰拙力，三曰腆（音ㄊㄧㄢˇ）胸提腹。九要：一要塌，二要扣，三要提，四要頂，五要裹，六要鬆，七要垂，八要縮，九要起鑽落翻分明（詳見《八卦拳學》）。

⑤不合於：原文「合不於」誤，改為「不合於」。

⑥搴動：搴，音ㄑㄧㄢ，古同「牽」。

## 七　則

形意拳之用法有三層：有有形有相①之用；有有名有相無跡之用；有有聲有名無形之用；有無形無相無聲無臭之用。拳經云：「起如鋼銼起者去也，落如鉤竿（落者回也）」；「未起如摘子，未落如墜子」；「起如箭，落如風，追風趕月不放鬆」；「起如風，落如箭，打倒還嫌慢」；「足打七分手打三，五行四梢②要合全。氣連心意隨時用，硬打硬進無遮攔」；「打人如走路，看

人如蒿③草。膽上如風響，起落似箭鑽」；「進步不勝，必有寒食之心」。

此是初步明勁，有形有相之用也④。到暗勁之時，用法更妙：「起似伏龍登天，落如霹雷擊地。起無形，落無蹤，起意好似捲地風。起不起，何用再起；落不落，何用再落。低之中望為高，高之中望為低⑤。打起落如水之翻浪。不翻不躦，一寸為先。腳打七分手打三，五行四梢要合全。氣連心意隨時用，打破身式無遮攔」。此是二步暗勁形跡有無之用也⑥。

「拳無拳，意無意，無意之中是真意。拳打三節不見形，如見形影不為能」，隨時而發；一言一默，一舉一動，行止坐臥，以致飲食茶水之間皆是用。或有人處，或無人處，無處不是用，所以無入而不自得，無往而不得其道，以致寂然不動，感而遂通也。此皆是化勁神化之用也⑦。

然而所用之虛實奇正，亦不可專有意用於奇正虛實。虛者，並非專用虛於彼。己手在彼手之上，用勁拉回，如落鉤竿，謂之實；己手在彼手之下，亦用勁拉回，彼之手挨不著我的手，謂之虛。並非專有意於虛實，是在彼之形式感觸耳。奇正之理亦然：奇無不正，正無不奇；奇中有正，正中有奇，奇正之變，如循環之無端，所用不窮也。拳經云：「拳去不空回，空回總不奇」，是此意也。

【注釋】

①相：原文「像」當作「相」。

②稍：原文「稍」誤，改為「梢」，以下同不再注。

③蒿：原文「嵩」誤，改為「蒿」。

④有形有相之用也：此句以上，是第一層明勁之用法，說明形意拳起鑽落翻俱要辨清，起落鑽翻均要迅速，要如箭似風，起是打，落也是打，手起氣也起，手落氣也落，所以起落鑽翻既有形也講氣，要形隨氣騰，形動氣發，內中意動即眞氣已動，內外一氣，力達四梢，才能發勁整齊，才能動作迅速，才能追風趕月，才能將人放出。

五行：分內五行，指心、肝、脾、肺、腎。外五行，指目、鼻、耳、口舌、人中。四梢：舌為肉梢，齒為骨梢，髮為血梢，甲為筋梢。無遮攔；猶言攔擋不住。寒食：此處應作膽怯、害怕解釋。

⑤低之中望為高，高之中望為低：在技擊中的戰術方法，望高打低，望低打高。例如對方站勢高於我，我即可用低勢取起鑽之法攻其高勢。高之中望為低，是對方站勢低於我，我即可采適宜的角度向前下方擊去。

⑥形跡有無之用也：原文「形跡有無之用也」植字有誤，當為「有形無跡之用也」。此句以上，是說第二層暗勁用法，內中意動而氣未發，內外一氣，順乎自然，起無聲，落無形，打起落如水之翻浪，毫不停息，無處不是打，無時不是打。不鑽不翻即無形無跡。一寸為先：即寸步，是說近打快攻。

⑦化勁神化之用也：此句以上，是說第三層化勁無形無相，無聲無臭之用。是內勁功法的高級階段，正如文中所說，拳無拳意無意，拳打三節不見形影，一舉一動或有人處，或無人處，無處不是用，行止坐臥無往而不合其道，無入而不自得，以致寂然不動，感而遂通。不見不聞即可知覺，並能應手化而擊

之。如落鉤竿：形容手回來時要掛打對方，起是打落也是打，即拳去不空回之意。

## 八 則

形意拳術，明勁是小學工夫。進退起落，左轉右旋，形式有間斷，故謂之小學。暗勁是大學之道。上下相連，手足相顧，內外如一，循環無端，形式無有間斷，故謂之大學。此喻是發明其拳所以然之理也。

《論語》云：「一以貫之」，此拳亦是求一以貫之道也。陰陽混成，剛柔相合，內外如一，謂之化勁。用神化去，至於無聲無臭之德也。《孟子》云：「大而化之之謂聖。聖而不可知之之謂神。」①丹書云：「形神俱②杳，乃與道合真之境。」拳經云：「拳無拳，意無意，無意之中是真意。」如此者，不見而章，不動而變，無為而成，寂然不動，感而遂通也③。

《老子》云：「得其一而萬事畢。」人得其一謂之大，拳中內外如一之勁用之於敵，當剛則剛，當柔則柔，飛騰變化，無入而不自得，亦無可無不可

也。此之謂一以貫之④。

一之為用，雖然純熟，總是有一之形跡也，尚未到至妙處，因此要將一化去，化到至虛無之境，謂之至誠至虛至空也⑤。如此「大而化之之謂聖，聖而不可知之之謂神」之道理，得矣！

**【注釋】**

①大而化之……之謂神：這是《孟子．盡心上》的引文。大意是說，對於各種至博且大的道，能研究通透，隨意變化應用是謂之聖。聖明達到使人莫測高深的境界便謂之神。

②俱：原文「具」同「俱」。後同，不另注。

③拳無拳……感而遂通也：大意是說，拳術練至上下相隨，內外如一，隨意而用，處處得心應手，即有規無須再循規，無意之中自合規，如此則眞意存乎其中。這樣才能做到不見而章，不動已變，雖有跡而無形，無可無不可，舉手投

足皆能中道。

④得其一而萬事畢……此之謂一以貫之：大意是說，得其一，一即是道，得其道無所不通，道大而無外，可包容萬物。此處指拳術之道得之，則能將內外如一（指拳中之整勁）之勁，用於對方，便能剛柔相濟，瞬息變化無窮，無不得心應手。「得其一而萬事畢」句，源自《老子》卅九章「天得一以清，地得一以寧，神得一以靈，谷得一以盈，萬物得一以生，侯王得一以為天下貞。」原文「一以貫之」誤，改為「一以貫之」。

⑤一之為用……至虛至空也：是說內外一致的用法，還是有形跡可循的，不為至妙，只可談到純熟應用自如，如能將一化去，做到無形無跡，無聲無臭，不見不聞即可知覺，將內外之勁化到至虛無之境，才能謂之上乘功夫，也是還虛之道。

## 九　則

拳術之道，要自己鍛鍊身體，以卻病延年，無大難法。若與人相較，則非

易事。第一存心謹慎，要知己知彼，不可驕矜，驕矜必敗。若相識之人，久在一處，所練何拳，藝之深淺，彼此皆知。或喜用腳，或善用手，皆知其大概。誰勝誰負，尚不易言。

若與不相識之人，初次見面，彼此不知所練何種拳術，所用何法。若一交手，其藝淺者，自立時相形見絀。若皆是明手，兩人相較，則頗不易言勝。所宜知者，一覿面先察其人精神是否虛靈，氣質是否雄厚，身軀是否活潑，再察其言論或謙或矜，其所言與其人之神氣形體動作是否相符，觀此三者，彼之藝能，知其大概矣。

及相較之時，或彼先動，或己先動，務要辨地勢之遠近、險隘廣狹死生。若二人相離極近，彼或發拳，或發足，皆能傷及吾身，則當如拳經云：「眼要毒，手要奸（奸即巧也），腳踏中門隨裏鑽①。眼有監察之精，手有撥轉之能，足有行程之功。兩肘不離肋②，兩手不離心，出洞入洞緊隨身。乘其無備而攻之，由其不意而出之。」此是近地以速之意也。

兩人相離之地遠，或三四步，或五六步不等，不可直上，恐彼以逸待勞，不等己發拳，而彼先發之矣。所以方動之時，不要將神氣顯露於外，似無意之情形，緩緩走至彼相近處，相機而用。彼動機方露，己即速撲上去，或掌或拳，隨左打左，隨右打右，彼之剛柔，己之進退，起落變化，總相機而行之，此謂遠地以緩也。

己所立之地勢，有利不利，亦得因敵人而用之，不可拘著。程廷華先生亦云：「與彼相較之時，看彼之剛柔，或力大，或奸巧；彼剛吾柔，彼柔吾剛；彼高吾低，彼低吾高；彼長吾短，彼短吾長；彼開吾合，彼合吾開；或吾忽開忽合，忽剛忽柔，忽上忽下，忽短忽長，忽來忽去，不可拘使成法，須相敵之情形而行之。雖不能取勝於敵，亦不能驟然敗於敵也。總以謹慎為要。」

**【注釋】**

①隨裡蹟：原文「雖」誤，改為「隨」。

②肋：原文「助」誤，改為「肋」。

## 十則

拳經云：「上下相連，內外合一。」俗云上下是頭足也，亦云手足也。按拳中道理言之，是上呼吸之氣與下呼吸之氣相接也，此是上下相連，心腎相交也。內外合一者，是心中神意下照於海底，腹內靜極而動，海底之氣微微自下而上，與神意相交，歸於丹田之中，運貫於周身，暢達於四肢，融融和和，如此方是上下相連，手足自相然顧，合內外而為一者也。

## 十一則

練拳術不可固執不通①。若專以求力，即被力拘；專以求氣，即被氣所拘②；若專以求沉重，即為沉重所捆墜；若專以求輕浮，神氣則被輕浮所散。所以然者，練之形式順者，自有力；內裏中和者，自生氣；神意歸於丹田者，身自然重如泰山；將神氣合一化成虛空者，自然身輕如羽。故此不可專求。

雖然求之有所得焉，亦是有若無，實若虛，勿忘勿助，不勉而中，不思而得，從容中道而已③。

【注釋】

①通：原文「所」誤，改為「通」。

②拘：原文「枸」誤，改為「拘」。

③本則大意是說，練拳時，按著規矩，順應自然，不用勁而內勁自長，神形合一，內外一致，從容中道，不思而得矣。勿忘勿助是既不忘懷，也不著意，也是順其自然之意。

## 十二則

形意拳術之橫拳，有先天之橫，有後天之橫，有一行之橫。先天之橫者，

由靜而動，為無形之橫拳也。橫者，中也。《易》云：「黃中通理，正位居體」①，即此意也。拳經云：「起無形」「起為橫」，皆是也（此起字是內中之起，自虛無而生有，眞意發萌之時，在拳中謂之橫，亦謂之起）。此橫有名無形，為諸形之母也。萬物皆含育於其中矣。其橫則為拳中之太極也②。後天之橫者，是拳中外形手足，以動即名為橫也。此橫有名有式，無有橫之相也。因頭手足（肩肘胯膝名七拳）③外形七拳，以動即名為橫，亦為諸式之幹也，萬法亦皆生於其內也。

【注釋】

①黃中……正位居體：黃中通理者，以黃居中，能通曉四方之物理，正位居體是居中得正，是正位，處上體之中是居體，比之橫拳，橫屬土，居中，在腹內屬脾。脾胃和緩，便能燮理五臟六腑；反之，脾位傷則五臟失調，四肢百骸亦無所措施。練拳如橫拳不和則百式無形。皆言地位之重要。

②其橫則為拳中之太極也：太極生一氣，一氣生陰陽，陰陽生萬物，所以太極是萬物之根源。先天之橫屬土，萬物土中生，一切拳法由橫而生，橫拳是諸形之根源，故謂「橫則為拳中之太極也」。說明橫拳在形意拳中之地位是極為重要的。

③頭手足肩肘胯膝名七拳：原文中「〇」當為「胯」字。

## 十三則

形意拳術，頭層明練，謂之練精化氣，為丹道中之武火也；第二層暗勁，謂之練氣化神，為丹道中之文火也；三層化勁，謂之練神還虛，為丹道中火候純也。火候純而內外一氣成矣，再練亦無勁，亦無火，謂之練虛合道，以致行止坐臥，一言一默，無往而不合其道也。拳經云：「拳無拳，意無意，無意之中是真意」，至此無聲無臭之德至矣。先人詩曰：「道本自然一氣遊，空空靜靜最難求。得來萬法皆無用，身形應當似水流。」

## 十四則

拳意之道，大概皆是河洛之理，以之取象命名，數理兼該，順其人之①動作之自然，製成法則，而人身體力行之。古人云：天有八風，易有八卦，人有八脈，拳有八勢，是以拳術有八卦之變化。八卦者，有圓之象焉。天有九天，星有九野，地有九泉，人有九竅九數，拳有九宮，故拳術有九宮之方位。九宮者，有方之義焉。

古人以九府而作圜法，以九室而作明堂，以九區而作貢賦，以九軍而作陣法，以九竅九數（九數者，即九節也。頭為梢節，心為中節，丹田為根節；手為梢節，肘為中節，肩為根節；足為梢節，膝為中節，胯②為根節。三三共九節也）而作拳術，無非用九，其理亦妙矣。

河之圖，洛之書，皆出於天地自然之數，禹之範，大撓之曆③，皆聖人得於天地之心法。余蒙老農先生所授之九宮圖，其理亦出於此，而運用之神妙，

變化莫測。此圖之道，夫婦之愚可以與知與能，及其至也，雖聖人亦有所不知不能矣。其圖之形式，是飛九宮之道，一至九，九還一之理。用竿九根布之，四正四根，四隅四根，當中一根，竿不拘粗細。

起初練之，地方要寬大，竿相離要遠，大約或一丈之方形，或一丈有餘，或兩丈，不拘尺寸。練之已熟，漸漸而縮小，縮至兩竿相離之遠近僅能容身穿行往來，形如流水，旋轉自如，而不礙所立之竿。繞轉之形式，用十二形：或如鷂子入林翻身之巧，或如蛇撥草入穴之妙，或如猿猴縱跳之靈活。各形之巧妙，無所不有也。

此圖之效力，不會拳術者，按法走之可以消食，血脈流通；若練拳術而步法不活動者，走之可以能活動；練拳術身體發拘者，走之身體可以能靈通；練拳術心中固執者，走之可以能靈妙。無論男女老少，皆可行之，可以卻病延年④，強健身體，等等妙術，不可言宣。拳經云「打拳如走路，看人如蒿草。武藝都道無正經，任意變化是無窮。豈知吾得嬰兒玩，打法天下是真形。三回九轉是一式」之理，亦皆在其中矣。

此圖明數學者，能曉此圖之理；練八卦拳者，能通此圖之道也。此圖亦可作為遊戲運動。走練之時，舌頂上齶；不會練拳術者，行走之時，兩手曲伸，可以隨便；要會拳術者，按自己所會之法則運用可也。無論如何運動，左旋右轉，兩手、身體，不能動著所立之竿為要。此圖不只運動身體已也，而劍術之法，亦含藏於其中矣。

此九根竿之高矮，總要比人略高。可以九個泥墊或木墊⑤，將竿插在內，可以移動。練用時可分佈九宮，不練時可收在一處。若地基方便，不動亦可。若實在無有竿之時，磚石分佈九宮亦可。若無磚石，畫九個小圈⑥走之亦無不可。總而言之，總是有竿練之為最妙。

此法走練，起初按一、二、三、四、五、六、七、八、九之路，反之九、八、七、六、五、四、三、二、一。此圖外四正四隅八根竿，比喻八卦，當中一根，又共比喻九個門。要練純熟，無論何門，亦可以起點，要之歸原，不能離開中門，即中五宮也。走之按一至二，二至三，至九，返之九至八，八至七，又⑦還於一之數。

此圖一圈一根竿也，一至九，九返一，即所行之路也。名為飛九宮也，亦名陰八卦也。河圖之理藏之於內，洛書之道形之於外也。所以拳術之道體用俱備，數理兼該，性命雙修，乾坤相交，合內外而為一者也。走練此圖之意，九

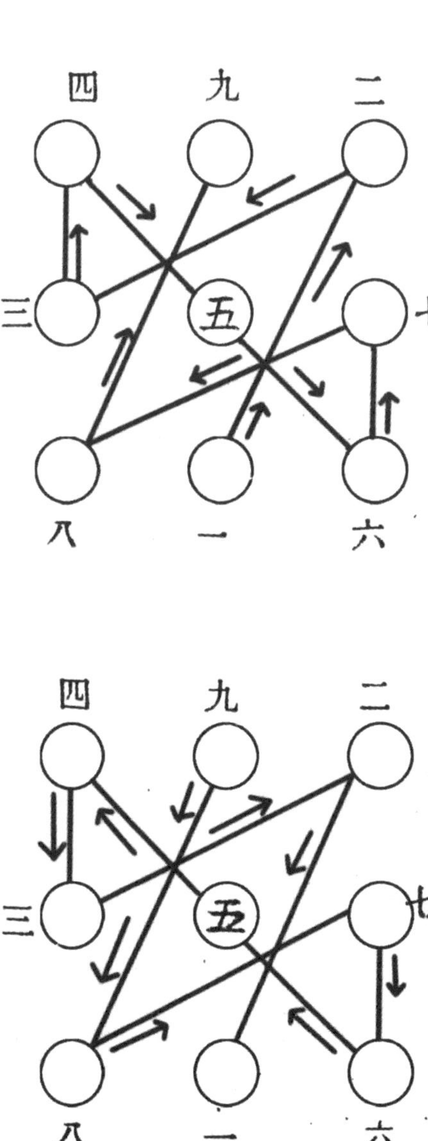

竿如同九人，如一人之敵九，左右旋轉⑧，曲伸往來，飛躍變化，閃展騰挪，其中之法則，按著規矩；其中之妙用，亦得要自己悟會耳。

其圖之道，亦和於乾坤二卦之理。六十四卦之式，皆含在其中矣。在人賢者識其大者，不賢者識其小者，得之莫不有拳術之奧妙之道焉（見圖）。

**【注釋】**

①之：原文此「之」字植字錯位。

②胯：原文的「〇」符號當為「胯」字。

③大撓之曆：黃帝臣，始作甲子，使干支相配以名日。

④延年：原文「廷」字誤，改為「延」。

⑤泥墊或木墊：原文「塾」字誤，改為「墊」。

⑥小圈：原文「圍」字誤，改為「圈」。

⑦叉：原文「叉」字誤，改為「叉」。

⑧旋轉：原文「族」字誤，改為「旋」。

## 述白西園先生言 一則

### 一則

白西園先生云：練形意拳之道，實是卻病延年、修道之學也。余自幼年行醫，今年近七旬矣，身體動作輕靈，仍似當年強壯之時也，並無服過參茸保養之物。此拳之道，養氣修身之理，實有確據，真有如服仙丹之效驗也。

惟練拳易，得道難；得道易，養道尤難①。所以練拳術第一要得真傳，將拳內所練之規矩，要知得的確，按次序而練之。第二要真愛惜；第三要有恒心，作為自己終身修養之功課也。

除此三者之外，雖然講練，古人云：「心不在焉，視而不見，聽而不聞，

食而不知其味。」就是終身不能有得也。就是至誠有恒心所練之道理，雖少有得焉，亦不能自驕。所練之形式道理，亦要時常求老師或諸位老先生們看視。古人云：「人非聖賢，誰能無過。」若以驕，素日所得之道理，亦時常失去。道理一失②，拳術就生出無數之病來（即拳術之病非人所得吃藥之病也）。

若是明顯之病，還可容易更改，老師工夫大小、道理深淺可以更正也。若是暗藏錯綜之病，非得老師道理極深，經驗頗富，不能治此病也。錯綜之病，頭上之病不在頭，腳上之病不在腳，身內之病不在內，身外之病不在外，此是錯綜之病也。暗藏之病，若隱若現，若有若無，此病於平常所練之人，亦看不出有病來，自己覺著亦無毛病，心想自己所練的道理亦到純熟矣，豈不知自己之病入之更深矣，非得洞明其理，深達其道者，不能更改此樣病也。若不然，就是晝夜習練，終身不能入於正道矣。此病謂之俗自然勁也。與寫字用工入了俗派，始終不能長進之道理相同也。

所以練拳術者，練一身極好之技術，與人相較，亦極其勇敢，倒容易練

③，十人之中可以練成七八個矣。若能教育人者，再自己工夫極純，身體動作極其和順，析理④亦極其明詳，令人容易領會，可以作後學之表率，如此人者，十人之中難得一二人矣。練拳術之道理，神氣貫通，形質和順，剛柔曲折，法度長短，與曾文正公談書法，言乾坤二卦之理相同也。

## 【注釋】

①得道易，養道尤難：就是說，拳術之道是不容易的。但在得道以後，如何真正愛護珍惜還要看自己的修養了，這是比較難的。拳術之道包括拳藝及武德，二者缺一不可，高超的拳藝難得，而以德性來修持非有終身不輟的精神不可，故云難養。

②道理一失：原文「以」字誤，改為「一」。

③倒容易練：原文「到」字誤，改為「倒」。

④析理：原文「折」字誤，改為「析」。

# 述劉奇蘭先生言　三則

## 一則

劉奇蘭先生云：形意拳術之道，體用莫分，自己練者為體，行之於彼為用。自己練時，眼不可散亂，或①視一極點處，或看自己之手，將神氣定住，內外合一，不可移動。要用之於彼，或看彼上之兩眼，或看彼之中心，或看彼下之兩足。不要站成定式②，不可專用成法，或掌或拳，望著就使，起落進退，變化不窮，是用智而取勝於敵也。

若用成法，即能勝於人，亦是一時之僥倖耳。所應曉者，須固住自己神氣，不使散亂，此謂無敵於天下也。

【注釋】

①或：原文「將」字誤，改為「或」。

②不要站成定式：原文「不要站定成式」植字錯位。

## 二 則

形意拳經云：「養靈根而靜心者，修道也；固靈根而動心者，敵將也。」敵將之用者，「起如鋼銼，落如鉤竿」，「起似伏龍登天，落如霹雷擊地。起無形，落無蹤，去意好似捲地風①」，「束身而起，長身而落」，「起如箭，落如風，追風趕月不放鬆。起如風，落如箭，打倒還嫌慢」，「打人如走路，看人如蒿草。膽上如風響，起落似箭鑽」，「遇敵要取勝，四梢俱要齊，是內外誠實如一也」，「進步不勝，必有膽寒之心也」。

此是固靈根而動心者，敵將所用之法也。

【注釋】

①去意好似捲地風：原文「起好似箭捲地風」植字有誤，當作「去意好似捲地風」。

## 三　則

道藝之用者，心中空空洞洞，不勉而中，不思而得，從容中道，而時出之。「拳無拳，意無意，無意之中是真意」。心無其心，心空也；身無其身，身空也。古人云：「所謂空而不空，不空而空，是謂真空。雖空，乃至實至誠也。」①忽然有敵人來擊，心中並非有意打他（無意即無火也），隨彼意而應之。拳經云：「靜為本體，動為作用。」即是寂然不動，感而遂通，無可無不可也。此是養靈根而靜心者所用之法也。

夫練拳，至無拳無意之境，乃能與太虛同體，故用之奧妙而不可測。然能至是者，鮮矣。

## 【注釋】

①空而不空……乃至實至誠也：是說練拳至空而不空，空即虛，虛者實之對，不空即實，不空而空，是說實而又虛，是謂眞空，眞空便可容彼來入，隨彼意而應之，感而遂通。就是說非空之空謂之眞空，對於非有之有曰妙有，自然不用之用亦稱為妙用了。這就與心中空空洞洞，不思而得，從容中道，而時出之之意相同。

# 述宋世榮先生言 三則

## 一 則

宋世榮先生云：形意拳之道，是先將拳術已成之著法，玩而求之，而有得之於心焉。或吾胸中有千萬法可也，或吾胸中渾渾淪淪，無一著法亦可也。

無一法者，是一氣之合也，以致於應用之時，無可無不可也；有千萬法者，是一氣之流行也，應敵之時，當剛則剛，當柔則柔，起落進退變化，皆可因敵而用之也。

譬如千萬法者，是一形一著法也，一著法之中，亦皆能生生不已也。譬如練蛇形，蛇有撥草之精，至於蛇之盤旋曲伸、剛柔靈妙等式，皆伊之性能也。兵法云：「譬如①常山蛇陣式，擊首則尾應，擊尾則首應，擊其中則首尾皆應。」所以練一形之中，將伊之性能格物到至善處②，用之於敵，可以循環無端，變化無窮，故能時措之宜也。

一形之能力如此，十二形之能力皆如是也。內中之道理，物之伸者，是吾拳之長勁也；物之曲者，是吾拳之短勁也，亦吾拳之划勁也；物之曲曲彎轉者，是吾拳之柔勁也；物之往前直去猛快③者，是吾拳之剛勁也。雖然一物之性，能剛柔曲直、縱橫變化、靈活巧妙，人有所不能及也。

所以練形意拳術者，是格物④十二形之性能而得之於心，是能盡物之性也，亦是盡己之性也。因此練形意拳者，是效法天地化育萬物⑤之道也。此理存之於內而為德，用之於外而為道也。又內勁者，內為天德；外法者，外為王道。所以此拳之用⑥，能以無可無不可也。

【注釋】

①譬如：原文「霹」字誤，應改為「譬」。

②格物到至善處：格，至也。物，猶事也，窮至事物之理，即是說把事物之至理無不研究到其極處，自己得之於心者，也無不盡也。

③猛快：原文「猛快」誤，改為「猛快」。

④格物：原文「格漸」誤，改為「格物」。

⑤效法天地化育萬物：本《中庸》第二十二章言天道之內容。這兩句是說天地化育萬物，讓萬物各盡其性能。練拳應效法天地化育萬物，首先將拳中各形式所賦予的「物」的性能，要察之仔細，無處不明瞭，假物之性為我之性，使神意形

態無處不恰當，練拳時，盡物之性能而化之，使之變化無窮、各遣其極，應用時取勝於人便能得心應手。例如文中蛇形之例便是，其他十二形之能力亦皆如是。

⑥此拳之用：原文「此拳之用用」改為「此拳之用」。

## 二　則

形意拳術，有道藝、武藝之分，有三體式單重、雙重之別。練武藝者，是雙重之姿式，重心在於兩腿之間，全身用力，清濁不分，先後天不辨，用後天之意，引呼吸之氣，積蓄於丹田之內，其堅如鐵石，周身沉重，站立如同泰山一般。若與他人相較，不怕足踢①、手擊，拳經云：「足打七分手打三，五行四梢要合全。氣連心意隨時用，硬打硬進無遮攔。」此謂之濁源，所以為敵將之武藝也。若練到至善處，亦可以無敵於天下也。

練道藝者，是三體式單重之姿式②，前虛後實，重心在於後足，前足亦可虛、亦可實，心中不用力，先要虛其心，意思與丹道相合。丹書云：「靜坐要最初還虛，不還虛不能見本性，不見本性，用工皆是濁源，並非先天之真性也。」拳術之理亦然，所以亦要最初還虛，不用後天之心意，亦並非全然不用。要全不用，成為頑空矣。

所以用勁者，非用後天之拙力，皆是規矩中之用力耳。還虛者，丹書云：「中者，虛空之性體也。執中者，還虛之功用也。」是故形意拳術起點有無極、太極、三體之式，其理是最初還虛之功用也③。丹書云：「道自虛無生一氣，便從一氣產陰陽。陰陽再合成三體，三體重生萬物張」，是此意也。

三體者，在身體，外為頭手足也；內為上、中、下三田④也；在拳中，形意、八卦、太極三派之一體也。雖分三體之名，統體一陰陽也。陰陽總歸⑤一太極也，即一氣也，亦即形意拳中起點無形之橫拳也。此橫拳者，是人本來之真心，空空洞洞，不掛著一毫之拙力，至虛至無，即太極也，所謂無名天地之始。

但此虛無太極不是死的，乃是活的，其中有一點生機藏焉，此機名曰先天真一之氣，為人性命之根，造化之源，生死之本也。

此虛無中含此一氣，不有不無，非有非無，非色非空，活活潑潑的，又曰真空。真空者，空而不空，不空而空，所謂有名萬物之母。虛無中，既有一點生機在內，是太極含一氣，一自虛無兆質矣。

此太極含一氣，是丹書所說的靜極而動，是虛極靜篤時，海底中有一點生機發動也。邵子⑥云：「一陽初發動，萬物未生時」也。在拳術中，虛極時，橫拳圓滿無虧，內中有一點靈機生焉。丹書云：「一氣既兆質，不能無動靜。」動為陽，靜為陰，是動靜既生於一氣，兩儀因此一氣開根也。動極而靜，靜極而動，劈崩躦炮，起躦落翻，精氣神，即於此而寓之矣。故此三體式內之一點生機⑦發動，而能至於無窮，所以謂之道藝也。

**【注釋】**

①足踼：原文「錫」字誤，改為「踼」。

②單重之姿式：原文「無」字誤，改為「之」。

③還虛之功用也：原文「還之功用也」誤，改為「還虛之功用也」。

④三田：上丹田指上黃庭，即腦也。中丹田指中黃庭，即脾也。下丹田指下黃庭，即小腹也。

⑤陰陽總歸：原文「陰歸總」誤，改為「陰陽總歸」。

⑥邵子：指邵雍，北宋哲學家，字堯夫，謚康節。范陽（今河北省定興縣西南）人。晚徙河南，年六十七歲卒。著有《觀物篇》《漁樵問答》《先天圖》《皇極經世》等書。

⑦生機：原文「生候」誤，改為「生機」。

## 三　則

靜坐工夫以呼吸調息①，練拳術以手足動作為調息。起落進退，皆合規矩，手足動作，亦俱和順。內外神形相合，謂之息調②。以身體動作旋轉，縱橫往來，無有停滯，一氣流行，循環無端，謂之停息，亦謂之脫胎神化也。雖然一是動中求靜，一是靜中求動，二者似乎不同，其實內中之道理則一也。

【注釋】

①調息：調節呼吸也。任其自然，不要著意。

②息調：呼吸調適也。《雲笈七籤》氣運息調，榮枝葉也。是著意於丹田之內呼吸，實即腹式呼吸。

## 述車毅齋先生言 一則

### 一 則

車毅齋先生云：形意拳之道，合於中庸之道也。其道中正廣大，至易至簡，不偏不倚，和而不流，包羅萬象，體物不遺，放之則彌六合，卷之則退藏於密，其味無窮，皆實學也。

惟是起初所學，先要學一派，一派之中，亦得專一形而學之。學而時習之，習之已熟，然後再學他形。各形純熟，再貫串統一而習之。習之極熟，全體各形之式，一形如一手之式，一手如一意之動，一意如同自虛空發出。所以練拳學者，自虛無而起，自虛無而還也。到此時，形意也，八卦也，太極也，諸形皆無，萬象皆空，混混淪淪，一渾氣然，何有太極，何有形意，何有八卦也。所以練拳術不在形式，只在神氣圓滿無虧而已。

神氣圓滿，形式雖方，而亦能活動無滯。神氣不足，就是形式雖圓，動作亦不能靈通也。拳經云：「尚德不尚力，意在蓄神耳。」用神意合丹田，先天真陽之氣，運化於周身，無微不至，以至於應用，無處不有，無時不然，所謂物物一太極，物物一陰陽也。《中庸》云：「鬼神之為德，其盛矣乎。視之而弗見，聽之而弗聞，體物而不可遺」①，亦是此拳之意義也。所以練拳術者，不可守定成規成法而應用之。

成法者，是初入門教人之規則，可以變化人之氣質，開人之智識，明人之心性，是化除後天之氣質，以復其先天之氣也。以至虛無之時，無所謂體，無所謂用，拳經云：「靜為本體，動為作用」，是體用一源也。體用分言之：以體言，行止坐臥，一言一默，無往而不得其道也；以用言之，無可無不可也。

余幼年間，血氣盛足，力量正大，法術記的頗多，用的亦熟亦快。每逢與人相比較之時，觀彼②之形式，可以用某種手法正合宜，技術淺者，占人一氣之先，往往勝人；遇著技術深者，觀其身式，用某種手法亦正合宜，一到彼之身邊，彼即隨式而變矣。自己的舊力未完，新力未生，往往再想變換手法，有來不及處，一時要進退不靈活，就敗於彼矣。以後用力之久，而一旦豁然貫通，將體式、法身全都脫去，始悟前者所練體式，皆是血氣；所用之法術，乃是成規。先前用法，中間皆有間斷，不能聯手變化，皆因是後天用事，不得中和之故也。

昔年有一某先生，亦是練拳之人，在余處閒談。彼憑著血氣力足，不明此

拳之道理，暗中有不服之意。余此時正洗面，且吾洗面之姿式，皆用騎馬式，並未注意於彼。不料彼要取玩笑，起身用腳，望著余之後腰用腳踢去。彼足方到予之身邊，似挨未挨之時，予並未預料，譬如靜坐工夫，丹田之氣始動，心中之神意知覺，即速又望北③接渡也。此時物到神知，予神形合一，身子一起，覺腰下有物碰出，回觀，則彼跌出一丈有餘，平身躺在地下。予先何從知彼之來，又無從知以何法應之，此乃拳術無意中抖擻之神力也，至哉信乎，拳經云：「拳無拳，意無意，無意之中是真意」也。

至此拳術無形無相，無我無他，只有一神之靈光，奧妙不測耳。拳經云：「混元一氣吾道成，道成莫外五真形，真形內藏真精神，神藏氣內丹道成。如問真形須求真，要知真形合真相，真相合來有真訣，真訣合道得徹靈。養靈根而動心者，敵將也；養靈根而靜心者，修道也。武藝雖真竅不真，費盡心機枉勞神，祖師留下真妙訣，知者傳授要擇人。」

【注釋】

①鬼神之為德……體物而不可遺：鬼神即陰陽二氣，德指陰陽二氣相合之作用，是強盛的。它的作用是無形無聲的，體現在萬物上是不可缺少的。

②彼：原文「被」誤，改為「彼」。

③原文「北」字，疑是彼字之誤。

## 述張樹德先生言　一則

### 一則

張樹德先生云：形意拳之道，不言器械。予初練之時，亦只疑無有槍刀劍術之類。予練槍法數十年，訪友數省，相遇名家，亦有數十餘名，所練門派不同，亦各有所長。予自是而後，晝夜勤習，方得其槍中之奧妙。

昔年用槍，總以為自己身手快利，步法活動，用法多巧。然而與人相較，往往被人所制。後始知不在乎形式法術，有身如無身，有槍如無槍，運用只在一心耳心即槍，槍即心也。

槍分三節八楞。用眼視定彼之形式，上中下三路，或梢節，中節，根節，心一動而手足與槍合一，似蛟龍出水一般，直到彼身，彼即敗矣。方知手足動作，教練純熟，不令而行也。

予自練形意拳以來，朝夕習練，將道理得之於身心，而又知行合一，故同一長短之槍，已覺自己之槍，昔用之似短，今用之則長①。更覺善用者，不在槍之形式長短，全在拳中神意之妙用也。又方知拳術即劍術槍法，劍術槍法亦即拳術也。拳經云：「心為元帥，眼為先鋒，手足為五營四哨，以拳為拳，以拳為槍②，槍扎如射箭」即此意也。故此始悟形意拳術，不言槍劍，因其道理中和，內外如一，體物而不遺，無往而不得其道也③。

【注釋】

①予自……今用之則長：謂自掌握形意拳之道，熟練地知行合一，過去的槍，使用時已感覺與過去有所不同，昔用之似短，今用之以長，道理得之於身心，便可應之於手。

②以拳為拳，以拳為槍：未得形意拳之道時，拳猶是拳，得其道後，拳便可當槍使用了。

③故此……無往而不得其道也：謂因此明白，若能掌握形意拳的中和之道，內外如一，接觸到任何事物都能順利得法。所以雖不談槍劍，但形意拳神意之妙用，也包括了槍劍等法的運用。

## 述劉曉蘭先生言 一則

### 一則

劉曉蘭先生云：形意拳之道無他，不過變化人之氣質，得其中和而已。從一氣而分陰陽，從陰陽而分五行，從五行而還一氣。十二形之理，亦從一氣陰陽五行變化而生也。朱子云：「天以陰陽五行化生萬物，氣以成形，而理即敷焉。」即此意也。

余從幼年練八極拳，工夫頗深，拳中應用之法術，如攙肘、定肘、擠肘、挎肘等等之著法，亦極其純熟，與人相較，往往勝人。其後遇一能手，身軀靈變，或離或合，則吾法無所施，往往拘守成法而不能變，尚疑為自己工夫不純之過也。其後改練形意拳，習五行生剋應用之法則，如劈拳能破崩拳，以金剋

木；鑽拳能破炮拳，以水剋火。

習至數十年方悟所得之道，知行合一之理，心中極其虛靈，身形亦極其和順，內外如一。又知五行拳互相生剋，金剋木，木亦能剋金；金生水，水亦能生金，古人云「互相遞為子孫」之意也。以前所用之法則，而時應用，無不隨時措之宜也①，亦無入而不自得也。因此始知形意拳是個中和之體，萬物皆涵育於其中矣。

**【注釋】**

①互相遞為子孫……隨時措之宜也：互相遞為子孫之意是按上邊所說拳中互相變化，金生水（劈拳變鑽拳），水亦能生金（鑽拳變劈拳），金剋木（劈拳破崩拳），木亦能剋金（崩拳破劈拳）。實際生活中亦可舉例；如師長教弟子，弟子有所得亦可轉教師長，即互相遞為師弟。此理在拳術純熟時，一形可變多形，因時因勢而變化，一形亦可破多形。當年郭雲深老先生以半步崩拳打天下，

可資證明「以前所用之法則」是指金剋木、金生水的常道，然而有時反其道而用之，即木剋金，水生金的方法，只要純熟，自能生巧，隨時用之無不得心應手。

## 述李鏡齋先生言　一則

### 一則

李鏡齋先生言：常有練拳術者，多有體用不合之情形。每見所練之體式，工夫極其純熟，氣力亦極大，然而所用之法則，常有與體式相違者，皆因是所練之體中形式不順，身心不合，則有悖戾之氣也。譬如儒家讀書，讀的極熟，看理亦極深，惟是所作出之文章，常有不順，亦是伊所看書之理，則有悖謬之處耶。雖然文武不同道，其理則一也。

# 述李存義先生言　二則

## 一　則①

李存義先生言：拳經云：「靜為本體，動為作用，寂然不動，感而遂通。」是化勁練神還虛之用也。明、暗勁之體用，是將周身四肢鬆開，神氣縮回而沉於丹田，內外合成一氣，再將兩目視定彼之兩目或四肢，自己不動，而為體也。若是發動，剛柔曲直，縱橫圜研，虛實之勁，起落進退，閃展伸縮，變化之法，此皆為用也。此是與人相較之時，分析②體用之意義也。

若論形意拳本旨之體用，是自己練趟子為之體，與人相較之時，按練時而應之為之用也。虛實變化不自專用，因彼之所發之形式而生之也。

【注釋】

①一則：原文「一問」誤，改為「一則」。

②分析：原文「分折」誤，改為「分析」。

## 二 則

余練習拳學，一生不知用奸詐之心，先師亦常云：兵不厭詐，自己雖不用奸詐，然而不可不防他人。終身未嘗有意一次用奸詐之勝人，皆以實在功夫也。若以奸詐勝人，彼未必肯心服也，奸詐心有何益哉。與人相較，總是光明正大，不能暗藏奸心，或是勝人，或是敗於人，心中自然明曉，皆能於道理有益也。雖然奸詐自己不用，亦不可不防，惟是彼之道理剛柔、虛實、巧拙不可不察也（此六字是道理中之變化也。奸詐者不在道理之內，用好言語將人暗中穩住，用出其①不意打人也）。

剛者，有明剛，有暗剛；柔者，有明柔，有暗柔也。明剛者，未與人交手

時，周身動作、神氣皆露於外，若是相較，彼一用力抓住吾手，如同鋼鉤一般，氣力似透於骨，自覺身體如同被人捆住一般，此是明剛中之內勁也。

暗剛者，與人相較，動作如平常，起落動作亦極和順，兩手相交，彼之手指軟似棉，用意一抓，神氣不只透於骨髓，而且牽連心中，如同觸電一般，此是暗剛中之內勁也。

明柔者，視此人之形式動作，毫無氣力，若是知者視之，雖身體柔軟無有氣力，然而身體動作②身輕如羽，內外如一，神氣周身並無一毫散亂之處。與彼交手時，抓之似有，再用手或打或撞，而又似無，此人又毫不用意於己，此是明柔中之內勁也。

暗柔者，視之神氣威嚴，如同泰山，若與人相較，兩手相交，其轉動如鋼球，手方到此人之身似硬，一用力打去，則彼身中又極靈活，手如同鰾膠相似，胳膊如同鋼絲條一般，能將人以黏住，或纏住，自己覺著諸方法不能得手，此人又無有一時格外用力，總是一氣流行，此是暗柔中之內勁也。

此是余與人道藝相交，兩人相較之經驗也。以後學者若遇此四形式之人，量自己道理深淺，神氣之厚薄，而相較量。若是自己不能被彼之神氣欺住，可以與彼相較；若是覿面先被彼神氣罩住，自己先懼一頭，就不可與彼較量。若無求道之心則已，若是有求道之心，只可虛心而恭敬之，以求其道也。

兵法云：「知己知彼，百戰百勝。」能如此視人，能如此待人，可以能無敵於天下也。並非人人能勝方為英雄也。

虛實巧拙者，是彼此兩人一覿面數言，就要相較，察彼之身形高矮，動作靈活不靈活，又看彼之神氣厚薄，一動一靜，言談之中，是內家是外家，先不可驟然取勝於人，先用虛手以探試之，等彼之動作，或虛或實，或巧或拙，一露形跡，勝敗可以知其大概矣。

被人所敗不必言矣，若是勝於人亦是道理中之勝人也。就是被人所敗，亦不能用奸詐之心也。余所以練拳一生，總是以道服人也。以上諸先師亦常言之，亦是余一生所經驗之事也。以後學者，雖然不用奸詐，不可不防奸詐，莫學余忠厚，時常被人所欺也。

【注釋】

①出其：原文「出具」有誤，改為「出其」。

②動作：原文「作動」有誤，改為「動作」。

## 述田靜傑先生言　一則

### 一　則

田靜傑先生言：形意拳術之理，本是不偏不倚，中正和平，自然一氣流行之道也。拳經云：「身式不可前栽，不可後仰，不可左斜，不可右歪。」即不偏不倚之意也。

其氣卷之則退藏於密（即丹田也），放之則彌六合（心與意合，意與氣合，氣與力合，是內三合也；肩與胯合，肘與膝合，手與足合，是外三合也）①。練之發著於十二形之中（十二形為萬形之綱也）。身體動作因著形式，有上下大小之分，動靜剛柔之判，起落進退之式，伸縮隱現之機也。雖然外體動作有萬形之分，而內運用一②以貫之也。

**【注釋】**

①肩與胯合，肘與膝合，手與足合，是外三合也：原文脫漏「手與足合」四字，「內三合」當作「外三合」。

②一：指一氣。

## 述李奎垣先生言　四則

### 一則

李奎垣①先生云：形意拳術之道，意即人之元性也，在天地則為土。土者，天地之性；性者，人身之土也。在人則為性，在拳則為横。横者，即拳中先天圓滿中和之一氣也。內包四德，即劈、崩、鑽、炮也，亦即真意也。

形意者，是人之周身四肢動作，從其規矩，順其自然，外不乖於形式，內不悖於神氣。外面形式之順，是內中神氣之和；外面形式之正②，是內中意氣之中。是故見其外，知其內；誠於內，形於外，即內外合而為一者也。先賢云：「得其一而萬事畢」，此為形意拳術，形意二字大概之意義也。

坐功雖云靜極而生動，丹田之動，是外來之氣動，其實還是意動，群陰剝盡一陽來復，是陰之靜極而生動矣。丹書《練己篇》云：「己者，我之真性，靜則為性，動則為意，妙用則為神也。」不靜則真意不動，真意不動，而何有妙用乎。所以動者，是真意。練拳術到至善處，亦是性至靜，真意發動，而妙用即是神也。至於坐功靜極而動，採取火候之老嫩，法輪升降之歸根，亦不外性靜意動，一神之妙用也③。

【注釋】

①李奎垣：原文「李奎元」，當作「李奎垣」。

②形式之正：原文「形之正」漏一「式」字。

③至於坐功……一神之妙用也：指道家坐功（內丹功）功法。火候者，指在煉內丹術功法全過程中應掌握的調息與用意的法度。它是保證「煉精化氣」「煉氣化神」「煉神還虛」等功法取得成功的關鍵，也是防危慮險的重要環節。火候的內容非常複雜，有文烹、武煉、下手、休歇、內外、先後、時刻、爻銖、

緩急、止足等，一步有一步的火候。《天仙正理直論》把內丹術中的火候，具體地分為生藥、採藥、封固等火候，進陽火、退陰符的火候，小周天、大周天等火候。

法輪：眞氣沿任督二脈循環升降，謂之法輪。

歸根：眞氣沿任督二脈循環升降後入於丹田。

## 二 則

練形意拳術，頭層明勁，垂肩墜肘塌腰，與寫字之工夫往下按筆意思相同也。二層練暗勁，鬆勁往外開勁縮勁，各處之勁與寫字提筆意思相同也。頂頭蹬足，是按中有提，提中有按也。三層練化勁，以上之勁，俱有而不覺有，只有神行妙用，與之隨意作草書者，意思相同也。

其言拳之規則法度，神氣結構，轉折形質，與曾文正公家書論①書字，言乾坤二卦，並禮樂之意者，道理亦相同也②。

【注釋】

①論：原文「輪」誤，改為「論」。

②曾國藩家書論字，是在信中教導他弟弟的一番話：「予謂天下萬事萬理皆出於乾坤二卦。即以作字論之：純以神行，大氣鼓蕩，脈絡周通，潛心內轉，此乾道也；結構精巧，向背有法，修短合度，此坤道也。凡乾以精氣言，凡坤以形質言。禮樂不可斯須去身，即此道也，樂本於乾，禮本於坤，作字而悠遊自得眞力彌滿者，即樂之意也；絲絲入扣轉折合法即禮之意也。」（見一九八五年長沙嶽麓書社出版《曾國藩全集‧家書》第一冊三五五頁）

## 三　則

形意拳術之道，勿拘於形式，亦不可專務於形式，二者皆非正道。先師云：「法術規矩在假師傳，道理巧妙須自己悟會。故練拳術者，不可以練偏僻奇異之形式，而身為其所拘。亦不可以練散亂無章之拳術，而不能通其道。」

所以練拳術者，先要求明師得良友，心思會悟，身體力行，日日習練，不可間斷，方能有得也。不如是，混混沌沌一生，茫然無所知也。

俗語云：「世上無難事，就怕心不專」，世人皆云拳術道理深遠不好求，實則不然。《中庸》云：「道不遠人，人之為道而遠人①。」天地之間，萬物之理，皆道之流行分散耳。人為一小天地，亦天地間之一物也。故我身中之陰陽，即天地之陰陽也，萬物之理，亦即我身中之理也。《大學注》云：「心在內，而理周乎物；物在外，而理具於心。」②《易注》云：「遠在六合以外，近在一身之中，遠取諸物，近取諸身」，天地之大，六合之遠，萬物之理，莫不在我一身之中。其拳始言一理，即形意拳中之太極三體式之起點也。

中散為萬事，即陰陽五行十二形，以至各形之理，無微不至也。末復合為一理者，即各形之理，總而合之，內外如一也。放之則彌六合者，即身體形式伸展，內中神氣放開，圓滿無缺也。高者如同極於天也，遠者如至六合之外也。卷之則退藏於密者，即神氣縮至於丹田，至虛至無之意義也。

遠取諸物者，譬如蛇之一物，曲屈夭矯，來去如風，吾欲取其意也。近取諸身者，若練蛇形，須研究其形，是五行拳中（即劈、崩、蹟、炮、橫也）何行合化而生出此形之勁也。

勁者，即內中神氣貫通之氣也。所以要看此形之行動，頭尾身，伸縮盤旋，三節一氣，無一毫之勉強也。物之性能，柔中有剛，剛中有柔。柔者，如同絲帶相似；剛者，纏住別物之體，如鋼絲相似。再將物之形式動作，靈活、曲折、剛柔之理，而意會之，再自己身體力行而效之，工久自然得著此物之形式性能，與我之性能合而為一矣。

此形之性能，格物通了，再格物他形之性能。十二形之理亦然。以至於萬形之理，只要一動一靜，驟然視見，與我之意相感，忽覺與我身中之道相合，即可仿效此物之動作，而運用之。所以練拳術者，宜虛心博問，不可自是。余昔年與人相較槍拳之時，即敗於人之手，然而又借此他勝我之法術，而得明我所練之道理也。是故拳術即道理，道理即拳術，天地萬物無不可效法也，即世人亦無不可作我之師與友也。

所以余幼年練拳術，性情異常剛愎，總覺己高於人，自拜郭雲深先生為師，教授形意拳術，得著門徑，又得先生循循善誘，自己用功，晝夜不斷，又得良友相助，忽然豁然明悟，心闊似海，回思昔日所練所行，諸事皆非，自覺心中愧悔，毛髮悚懼，自此而知古人云：「求聖求賢在於己，功名富貴在於命。」練拳術者，關於人之一生禍福，後學者不可不知也。

自此以後不敢言己之長，議人之短，知道理之無窮，俗云：「強中自有強中手，能人背後有能人。」心中戰戰兢兢，須臾不敢離此道理，一生亦不敢驕矜於人也。

**【注釋】**

①道不遠人……人之為道而遠人：這兩句大意是說，道是人之性，物之理，無人不知不曉，所以說道與任何人皆不遠。「人之為道遠人」，是說有人看

不起這種平易之道而不屑於為，反去攀附那高遠難行之事而不可得，是自己遠離道也。拳術之道至簡且易，只要肯去求，就會得，如認為拳術之道深奧不可求，不去求，便永遠不會得其拳道，其他事物皆然。

②心在內……而理具於心：大意是說，心意自內所發出道理的變化，可以包括一切事物。物在外的變化也能具備於心，這就是《大學》所說的「致知在格物」，也就是說，窮至事物之理，即便極深的知識也能達到。

## 四　則

形意拳之道，練之有無數之曲折①層次，亦有無數之魔力混亂，一有不察，拳中無數之弊病出焉。故練者，先以心中虛空為體，以神氣相交為用，以腰為主宰，以丹田為根，以三體式為基礎，以九要之規模為練拳之具，以五行十二形為拳中之物。故將所發出散亂之氣，順中用逆縮回，歸於丹田，用呼吸鍛鍊，不用口鼻呼吸，要用真息積於丹田。

口中之呼吸，舌頂上齶，口似張非張，似㫰非㫰②，還照常呼吸，不可有一毫之勉強，要純任自然耳。所以要除三害，挺胸、提腹、努氣，是練形意拳之大弊病也。或有練的規矩不合，自己不知，身形亦覺和順，心中亦覺自如，然而練至數年工夫，拳術之內外不覺有進步，以通者觀之，是入於俗派自然之魔力也。

或有練者，手足動作亦整齊，內外之氣亦合的住，以傍③人觀之，周身之力量，看著亦極大無窮，自覺亦復如是，惟是與人相較，放在人家之身上，不覺有力，知者云：是被拘魔所捆也。因兩肩根、兩胯裏根不舒展，不知內開外合之故也，如此雖練一生，身體不能如羽毛之輕靈也。

又有時常每日練習身形亦和順，心中亦舒暢，忽然一朝，身形練著亦不順，腹中覺著亦不合，所練的姿式起落進退亦覺不對，而心中時覺鬱悶，知者云是到疑團之地也。其實拳術確有進步，此時不可停工，千萬不可被疑魔所阻，即速求師說明道理而練去，用力之久，而一旦豁然貫通，則眾物之表裏精粗之無不到，而吾拳之全體大用無不明矣。至此，諸魔盡去，道理不能有所阻也。邱祖④云：「經一番魔亂，長一層福力也。」

【注釋】

①曲折：原文「曲析」，當為「曲折」。

②脗：音ㄨㄣˇ，同「吻」。

③傍：近旁，附近。

④邱祖：指邱處機，自號長春子，元初棲霞人，道學甚深。世稱長春真人。

## 述耿誠信先生言　一則

### 一則

耿誠信先生云：幼年練習拳術之時，肝火太盛，血氣甚旺，往往與人無故

不相和，視同道如仇敵，自己常常自煩自惱，此身為拙勁所拘，不知自己有多大力量。有友人介紹深州劉奇蘭先生，拜伊為門下，先生云：「此形意拳，是變化氣質之道，復還於初，非是求後天血氣之力也。」自練初步明勁之工夫，四五年之時，自覺周身之氣質、腹內之性情，與前大不相同，回思昔年所做①之事，對於人所發之性情言語，時時心中甚覺愧悔。

自此而後，習練暗勁，又五六年，身中內外之景況，與練明勁之時，又不同矣。每見同道之人，無不相合，遇有技術在我以上者，亦無不稱揚之。此時自己心中之技術，還有一點吝嗇之心，不肯輕示於人。嗣又遷於化勁，習之又至五六年工夫，由身體內外剛柔相合之勁，而漸化至於無此。至此方覺腹內空空洞洞、渾渾淪淪，無形無象，無我無他之境矣。自此方無有彼此之分，門戶之見，遇有同道者，無所不愛，或有練習未及於道者，無不憐憫而欲教之。

偶遇同道之人相比較者，並無先存一個打人之心在內，所用所發皆是道理，亦無入而不自得矣。此時，方知形意拳是個中和之道理，所以能變化人之氣質，而入於道也。

【注釋】

①做：原文「作」字誤，改為「做」。

## 述周明泰先生言　一則

## 一　則

周明泰先生云：形意拳之道，練體之時，周身要活動，不可拘束。拳經云十六處練法①之中，雖有四就之說，就者，束身也。束身非拘也，是將身縮住，內開外合，雖往回縮，外形之式要舒展，順中有逆，逆中有順。是故形意拳之道，內中之神氣要中正相交，外形之姿式，要和順不悖，所以練體之時，

周身內外不要拘束也。

練體之時，不可拘束，然而所用之時，外形亦不可有散亂之式，內中不可有驕懼之心，就是遇武術至淺之人，或遇不識武術之人，內中不可有驕傲之心存，亦不可以一手法必勝他人。務要先將自己之兩手，或虛或實，要靈活不可拘力，兩足之進退，要便利不可停滯。或一二手，或②三五手不拘，將伊之虛實真情引出，再因時而進之，可以能勝他人也。

倘若遇武術高超之人，知其工夫極深，亦見其身體動作神形相合，己心中亦讚美伊之工夫，亦不可生恐懼之心，務要將神氣貫注，兩目視定伊之兩眼之順逆，再視伊之兩手兩足，或虛實、或進退。相交之時，彼進我退，彼退我進，彼剛我柔，彼短我長，彼長我短，亦得量彼之真假靈實而應之，不可拘定一成法而必勝於人也。

如此用法，雖然不能勝於彼，亦不能一交手，即敗於彼也。故練拳術之道，不可自負其能，無敵於天下也。亦不可有恐懼心，不敢與人相較也。所以務要知己知彼。知己不知彼不能勝人，知彼而不知己亦不能勝人，故能知己知彼，可以能勝人，而亦能成為大英雄之名也。

【注釋】

①十六處練法：詳本書第七章。

②或：原文「式」字誤，改為「或」。

## 述許占鰲先生言　二則

### 一　則

許占鰲先生云：練形意拳之道，萬不可有輕忽易視之心。五行十二形，以為七日學一形，或十日學一形，大約少者半年，可以學完，多者一年之工夫足

以學完全矣。如此練形意拳，至於終身不能有所得也。所會者，不過拳之形式與皮毛耳。

或者又知此拳之道理精微，不易得之於身，而有畏難之心，總疑一形兩形，大約三年五年，亦不能得其精微，若於全形之道理，大約終身亦得不完全矣。二者有一，雖然習練，始終不能有成也。二者若是全無，再虛心求老師傳授。第一，三害之病不可有；第二，九要之規矩要真切；第三，三體式要多站，九要要整齊，身子外形要中正，心中要虛空，神氣呼吸要自然，形式要和順。不如此，不能開手開步練習也。

若是誠意練習，總要勿求速效。一日不和順，明日再站；一月不和順，下月再站。因三體式是變化人之氣質之始，並非要求血氣之力，是去自己之病耳拙氣拙力之病。所以站三體式者，有遲速不等，因人之氣質稟受不同也。

至於開手開步練習，一形不順不能練他形。一月不順，下月再練；半年不順，一年練，練至身體和順，再練他形。非是形式不熟，亦是內中之氣質未變化耳。一形通順，再練他形，自易通順，而其餘各形皆可一氣貫通，拳經云：「一通無不通也。」所以練形意拳者，勿求速效，勿生厭煩之心，務要有恆，作為自己一生始終修身之工課。不管效驗不效驗，如此練去，功夫自然而有得也。

## 二 則

形意拳術三體式者，天、地、人三才之象也，即人身中之頭、手、足也，亦即形意、八卦、太極拳三派合一之體也。此式是虛而生一氣，是自靜而動也。太極兩儀至於三體式，是由動而靜也，再致虛極靜篤時還於本性。此性是先天之性，不是後天之性，此是形意拳術之本體也。此三體式，非是後天拙力血氣所為，乃是拳中之規矩，傳受而致也。此是拳術最初還虛之道也。

此理與靜坐之工相合也。靜坐要最初還虛，俟虛極靜篤時，海底而生知覺，要動而後覺，是先天動，不可知而後動；知後而動，是後天妄①想而生動也。俟一陽動時，即速迴光返照，凝神入於氣穴，神氣相交，二氣合成一氣。

再有傳授，文武火候老嫩，呼吸得法，能以鍛鍊進退升降，亦可以次而行工也。因此是最初還虛，血氣不能加於其內，心中空空洞洞，即是明心見性②矣。

前者自虛無至三體式，是由靜而動，動而復靜，是拳中起蹟落翻之未發，謂之中也。中者，是未發之和也。三體式重生萬物張者，是靜極而再動，此是起蹟落翻已發也。已發，是拳之橫拳起也。內中之五行拳、十二形拳，以致萬形，皆由此而生也。

《中庸》云：「天命之謂性，率性之謂道」③，不動是未發之中也。動作能循環三體式之本體，是已發之和也④，和者是已發之中也。將所練之拳術，有過猶不及之氣質⑤，仰而就，仰而止，教人改變氣質⑥，復⑦歸於中，是之謂教也。故形意拳之內勁，是由此中和而生也。俗語云：「拳中之內勁是鼓小腹，硬如堅石」，非也。所以形意拳之內勁是人之元神、元氣相合⑧，不偏不倚，和而不流，無過不及，自無而有，自微而著，自小而大，由一氣之動而發

於周身，活活潑潑無物不有，無時不然，《中庸》云：「放之則彌六合，卷之則退藏於密，其味無窮」，皆是拳之內勁也。善練者，玩索而有得焉，則終身用之，有不能盡者矣。

三體式，無論變更何形，非禮不動（禮即拳中之規矩姿式也），所以修身也。故一動一靜，一言一默，行止坐臥皆有規矩，所以此道動作，是純任自然，非勉⑨強而作也。

古人云：「內為天德，外為王道，並非霸術所行」，亦是此拳之意義也。

**【注釋】**

①妄：原文「忘」字誤，應改為「妄」。

②明心見性：此佛家語，謂徹見自心本性。

③天命……之謂道：天命之謂性，是說天賦予的自然原有的性，率性是按照性的要求自然發展謂之道。

④之和也：原文「自和之」誤，改為「之和也」。

⑤有過猶不及之氣質：原文「有過由不及而之氣質」誤，改為「有過猶不及之氣質」。

⑥改變氣質：原文「改氣質」漏字，應為「改變氣質」。

⑦復：原文「腹」字誤，改為「復」。

⑧元氣：指人之精氣，亦即先天之氣。元神：是道家語，指靈魂也。元神、元氣相合是拳中之內勁（元神原指來源於父母雙方精氣的媾和之神，《靈樞·本神篇》：「生之來謂之精，兩精相搏謂之神」）。

⑨勉：原文「免」字誤，改為「勉」。

# 第五章　八卦拳

## 述程廷華先生言　一則

### 一　則

程廷華先生云：練八卦拳之道，先得明師傳授，曉拳中之意義，並先後之次序。其實八卦，本是一氣變化之分（一氣者，即太極也），一氣仍是八卦、四象、兩儀之合。

是故太極之外無八卦，八卦、兩儀、四象之外亦無太極也。所以一氣八卦為其體，六十四變，以及七十二暗足互為其用。體亦謂之用，用亦謂之體，體

用一源，動靜一道。遠在六合以外，近在一合身中。一動一靜，一言一默，莫不有卦象焉，莫不有體用焉，亦莫不有八卦之道焉。其道至大而無不包，其用至神而無不存。

若是言練，先曉伸縮旋轉圜研之理。先以伸縮而言之。縮者，是由高而縮於矮，由前而縮於後。從高而縮於矮之情形，身子如同縮至於深淵。從前而縮於後之意思，身體如同縮至於深窋。若是論身體伸長而言之，伸者自身體縮至極矮極微處，再往上伸去，如同手捫於天，往遠伸去，又同手探於海角，此是拳中開合抽長之精意。古人云：「其大無外，其小無內，放之則彌六合，卷之則退藏於密。」所以八卦拳之道，無內外也。研者身轉如同幾微的螺絲細軸一般，身體有研轉之形，而內中之軸，無離此地之意也。旋轉者①，是放開步法，邁足望著圓圈一旋轉，如身體轉九萬里之地球一圈之意也。至於身體剛柔，如玲瓏透體，活活潑潑，流行無滯，又內中規矩，的的確確不易。胳膊百練之純鋼，化為繞指之柔；兩足動作，皆勾股三角②；兩手之運用，又合弧切八線③，所以數不離理，理不離數，理數兼該，乃得萬全也。

將此道得之於身心，可以獨善其身，亦可以兼善天下。身之所行，是孝弟④忠信。無事口中可以常念阿彌陀佛，行動不離聖賢之道。心中亦不離仙佛之門。非知此，不足以言練八卦拳術也。亦非如此，不能得著八卦拳之妙道也。

【注釋】

①旋轉者：原文「旋轉之」誤，改為「旋轉者」。

②勾股三角：指不等邊三角形，股為較長的邊，勾為較短的邊，對著直角的邊叫作弦。

③弧切八線：圓上任意兩點間的部分叫弧。和圓上有一個公共點的直線叫作圓的切線。直角三角形之三邊，關於其任一銳角，可組成任一比率，而名之此角之正弦、餘弦、正切、餘切、正割、餘割、正矢、餘矢，稱三角函數亦稱八線。

④孝弟：「弟」古同「悌」，孝悌。

# 第六章 太極拳

## 述郝為楨先生言 一則

### 一 則

郝為楨先生云：練太極拳有三層之意思。初層練習，身體如在水中，兩足踏地，周身與手足動作如有水之阻力。第二層練習，身體手足動作如在水中，而兩足已浮起不著地，如長泅者浮游其間，皆自如也。第三層練習，身體愈輕靈，兩足如在水面上行，到此時之景況，心中戰戰兢兢，如臨深淵，如履薄

冰，心中不敢有一毫放肆之意，神氣稍為一散亂，即恐身體沉下也。拳經云：「神氣四肢，總要完整，一有不整，身必散亂，必至偏倚，而不能有靈活之妙用。」即此意也。

又云：知己功夫，在練十三式。或欲知人，須有伴侶二人，每日打四手（即掤①、攦、擠、按也），工久即可知人之虛實、輕重，隨時而能用矣。倘若無人與自己打手，與一不動之物當為人，用兩手或手體與此物相較，視定物之中心，或粘或走或靠②，手足總要相合，或如粘住他的意思，或如似挨未挨他的意思，身子內外總要虛空靈活，工久身體亦可以能靈活矣。

或是自己與一個能活動之物，物之動去，我可以隨著物之來去，以兩手接隨之，身體曲伸往來，上下相隨，內外一氣，如同與人相較一般。仍是求不即不離，不丟不頂之意也。如此心思會悟，身體力行，工久引進落空之法，亦可以隨心所欲而用之也。此是自己用工，無有伴侶之法則也。郝為楨先生與陳秀峰先生所練之架子不同，而應用之法術，同者極多，所不同者，各有心得之處或不一也。

【注釋】

①掤：原文「捧」為作「掤」。

②或靠：原文「靠或」植字誤，改為「或靠」。

## 述陳秀峰先生言 一則

### 一則

陳秀峰①先生言：太極八卦與六十四卦，即手足四幹四枝共六十四卦也（其理《八卦拳學》言之詳矣）。與程廷華先生言遊身八卦並六十四卦②，兩派之形式用法不同，其理則一也。

陳秀峰先生所用太極八卦或粘或走，或剛或柔，並散手之用，總是在不即不離內求玄妙，不丟不頂中討消息，以至引進落空、四兩撥千斤動作所發之神氣，如長江大海，滔滔不絕也此拳之道理，王宗岳先生所著《太極拳經》論之最詳。

程廷華先生所用之遊身八卦，或粘或走，或開或合，或離或即，或頂或丟，忽隱忽現，或忽然一離，相去一丈餘遠，忽然而回，即在目前，或用全體之力，或用一手，或二指，或一指之一節，忽虛忽實，忽剛忽柔，無有定形，變化不測。形意、八卦、太極三家，諸位先生所練之形式不同，其理皆合，其應用亦各有所當也。

**【注釋】**

①陳秀峰：原文「秀陳峰」植字有誤。

②遊身八卦並六十四卦：原文「並」字，疑為「共」字之誤。

# 第七章　形意拳譜摘要

拳經云：形意拳之道有七拳、八字、二總、三毒、五惡、六猛、六方、八要①、十目、十三格、十四打法、十六練法、九十一拳、一百零三槍之論。恐後來學者未見過拳經，不知有此，故述之以明其義。

**七拳：**頭、肩、肘、手、胯、膝、足，共七拳也。

**八字：**斬（劈拳也），截（鑽拳也）②，裹（橫拳也），胯（崩拳也），挑（踐拳也，即燕形也），頂（炮拳也），雲（鼉形拳也），領（蛇形拳也）。

**二總：**三拳三棍為二總（三拳是天、地、人生法無窮；三棍是天、地、人生生不已）。

**三毒：**三拳、三棍精熟即為三毒。

**五惡：**得其五精，即為五惡。

**六猛：**六合練成，即為六猛。

**六方：**內外合一家，為六方。

**八要：**心定神寧，神寧心安，心安清淨，清淨無物，無物氣行，氣行絕象，絕象覺明（**覺明則神氣相通，萬氣歸根矣**）。

**十目：**即十目所視之意。

**十三格：**自七拳格起，至士、農、工、商為十三格。

**十四打法：**手、肘、肩、胯、膝、足，左右共十二拳，頭為一拳、臀尾為一拳，共十四拳。名為七拳，故有十四處打法，此十四處打法變之則有萬法，合之則為五行兩儀，而仍歸一氣也。

**十六處練法：**一寸、二踐、三鑽、四就、五夾、六合、七齊、八正、九脛、十驚③、十一起落、十二進退、十三陰陽、十四五行、十五動靜、十六虛實。

寸（足步也）。踐（腿也）。蹟（身也）。就（束身也）。夾（如夾剪之夾④也）。合（內外六合，心與意合、意與氣合、氣與力合，是為內三合；肩與胯合、肘與膝合⑤、手與足合⑥，是為外三合）。齊（疾毒也，內外如一）。正（直也，看正卻是斜，看斜卻是正）。脛（手摩內五行也）。驚（驚起四梢也，火機一發物必落，磨脛磨脛意氣響連聲）。起落（起是去也，落是打也，起亦打，落亦打，起落如水之翻浪，才成起落）。進退（進是步低，退是步高，進退不是枉學藝）。陰陽（看陰而卻有陽，看陽而卻有陰，天地陰陽相合能以下雨，拳術陰陽相合才能打人，成其一塊，皆為陰陽之氣也）。五行內（五行要動，外五行要隨）。動靜（靜為本體，動為作用，若言其靜，未露其機，若言其動，未見其跡，動靜是發而未發之間，謂之動靜也）。虛實（虛是精也，實是靈也，精靈皆有，成其虛實。拳經歌曰：「精養靈根氣養神，養功養道見天眞。丹田養就長命寶，萬兩黃金不與人。」）

**九十一拳：**三拳分為二十一拳，五行生剋是十拳，分為七十拳。（共九十一拳。一拳分為七拳，是前打、後打、左打、右打、不打、打打、不打打打。）

**一百零三槍：**天、地、人三槍、各分四柱，是三四一十二槍。五行五槍，是五七三十五槍。八卦八槍，是七八五十六槍，共一百零三槍也。

**【注釋】**

①此處脫「九數」一項。即「八要」條後面。

九數：即身、肩、臂、手、指、股、足、舌、臀。

身：前俯後仰，其式不勁，左側右倚皆身之病。正而似臥，斜而似止。

肩：頭宜上頂，肩宜下垂，左肩成拗，右肩自隨。身力到手，肩之所為。

臂：左臂右臂前伸，右臂左臂在肋，似曲非曲，似直不直，過曲不遠，過直少力。

手：右（左）手在肋，左（右）手齊胸，後者是微塌，前者力伸，兩手皆覆，用力宜勻。

指：五指各分，其形似鉤，虎口圓滿，似剛似柔，力須到指，不可強求。

股：左股在前，右股後撐，似直不直，似弓不弓，雖有直曲，每見雞形。

足：左足直前，斜側皆病，右足勢斜，前踵對脛，隨人距離，足趾扣定。

舌：舌為肉梢，捲則氣降，目張髮聳，丹田愈況，肌容如鐵，內堅腑臟。

臀：提起臀部，氣貫四梢，兩腿繚繞，臀部肉交，低則勢散，故宜稍高。

②截（蹼拳也）：原文「攢」有誤，改為「蹼」。

③十驚：原文「警」字當作「驚」。

④如夾剪之夾：原文「加」有誤，改為「夾」。

⑤肘與膝合：原文「肘與滕合」誤，改為「肘與膝合」。

⑥手與足合：原文「手足與合」改為「手與足合」。

頭打落意隨足走，起而未起占中央；腳踏中門搶他位，就是神仙亦難防。肩打一陰反一陽，兩手隻在洞中藏；左右全憑蓋他意，舒展二字一命亡。肘打去意占胸膛，起手好似虎撲羊；或在裏撥一旁走，後手只在脅下藏。拳打三節不見形，如見形影不為能①。能在一思盡，莫在一思存；能在一氣先，莫在一氣後。

胯打中節並相連，陰陽相合得之難；外胯好似魚打挺，裏胯藏步變勢難。膝打幾處人不明，好似猛虎出木籠；和身轉著不停勢，左右明撥任意行。腳打採意不落空，消息全憑後足蹬。與人較勇無虛備，去意好似捲地風。臀尾打起落不見形，好似猛虎坐臥出洞中。

拳經云：「混元一氣吾道成，道成莫外五真形，真形內藏真精神，神藏氣內丹道成。如問真形須求真，要知真形和真象，真象合來有真訣，真訣合道得徹靈」；「養靈根而動心者，敵將也，養靈根而靜心者，修道也。」

赤肚子胎息訣云：「氣穴之間，昔人名之曰生門死戶，又謂之天地之根。

凝神於此，久之元氣日充，元神日旺。神旺則氣暢，氣暢則血融，血融則骨強，骨強則髓滿，髓滿則腹盈，腹盈則下實，下實則行步輕健，動作不疲，四體康健，顏色如桃李，去仙不遠矣。」

此亦是拳術內勁之意義也。

【注釋】

①如見形影不為能：原文「如見形影不為虎」誤，改為「如見形影不為能」。

# 第八章　練拳經驗及三派之精意

余自幼練拳以來，聞諸先生之言，云拳即是道。余聞之懷疑。至練暗勁，剛柔合一，動作靈妙，一任心之自然，與同道人研究，彼此各有所會。惟練化勁之後，內中消息與同道之人言之，知者多不肯言，不知者茫然莫解，故筆之於書，以示同道，倘有經此景況者，可以互相研究，以歸至善。

余練化勁所經者，每日練一形之式，到停式時，立正，心中神氣一定，每覺下部海底處（即陰蹻穴處）如有物萌動。初不甚著意。每日練之有動之時，亦有不動之時，日久亦有動之甚久之時，亦有不動之時。漸漸練於停式，心中一定，如欲洩漏者，想丹書坐功，有真陽發動之語，可以採取。彼是靜中動，練靜坐者，知者亦頗多，乃彼是靜中求動也。此是拳術動中求靜，不知能消化

否？又想拳經亦有「處處行持不可移」之言，每日功夫總不間斷。

以後練至一停式，周身就有發空之景象，真陽亦發動而欲泄，此情形似柳華陽先生所云「復覺真元」之意思也。自覺身子一毫亦不敢動，動即要泄矣。心想仍用拳術之法以化之。內中之意，虛靈下沉，注於丹田，下邊用虛靈之意，提住穀道，內外之意思仍如練拳趟子一般。意注於丹田片時，陽即收縮，萌動者上移於丹田矣。此時周身融和，綿綿不斷。

當時尚不知採取轉法輪之理，而丹田內，如同兩物相爭之狀況，四五小時，方漸漸安靜。心想不動之理，是余練拳術之時，呼吸二息仍在丹田之中。至於不練之時，雖言談呼吸，並不妨礙內中之真息，並非有意存照，是無時不然也。《莊子》云：「有真人①呼吸以踵」，大約即此意也。

因有不息而息之火，將此動物消化，暢達於周身也。以後又如前動作，仍提在丹田，仍是練拳趟子，內外總是一氣，緩緩悠悠練之，不敢有一毫之不平穩處。動作練時，內中四肢融融，綿綿虛空，與前站著之景況無異。亦有練一

趟而不動者，亦有練二趟而不動者，嗣後亦有動時，仍提至丹田，而動練拳之內呼吸，轉法輪用意主之於丹田②，以神用息③而轉之，從尾閭至夾脊，至玉枕，至天頂而下，與靜坐功夫相同。下至丹田，亦有二三轉而不動者，亦有三四轉而不動者，所轉者，與所練趟子消化之意相同。

以後有不練之時，或坐立，或行動，內中仍以用練拳之呼吸，身子行路亦可以消化矣。以後甚至於睡熟，內中忽動，動而即醒，仍以用練拳之呼吸而消化之，以後睡熟而內中不動，內外周身四肢，忽然似空，周身融融和和，如沐如浴之景況。睡時亦有如此情形，而夢中亦能用神意呼吸而化之。因醒後，已知夢中之情形而化之也。

以後練拳術睡熟時，內中即不動矣。後只有睡熟時，內外忽然有虛空之時，白天行止坐臥，四肢亦有發空之時，身中之情意，異常舒暢。每逢晚上練過拳術，夜間睡熟時，身中發虛空之時多；晚上要不練拳術，睡時發虛空之時較少。

以後知丹道有氣消之弊病。自己體察內外之情形，人道縮至甚小，消除百病，精神有增無減，以後靜坐亦如此，練拳亦如此，到此方知拳術與丹道是一理也。以上是余練拳術，自己身體內外之所經驗也，故書之以告同志。

拳術至練虛合道，是將真意化到至虛至無之境，不動之時，內中寂然，空虛無一動其心，至於忽然有不測之事，雖不見不聞，而能覺而避之。《中庸》云：「至誠之道，可以前知」，是此意也。

能到至誠之道者，三派拳術中，余知有四人而已。形意拳李洛能先生，八卦拳董海川先生，太極拳楊露禪先生，武禹襄先生。四位先生皆有不見不聞之知覺。其餘諸先生，皆是見聞之知覺而已。如外有不測之事，只要眼見耳聞，無論來者如何疾快，俱能躲閃。因其功夫入於虛境而未到於至虛，不能有不見不聞之知覺也。其練他派拳術者，亦常聞有此境界，未能詳其姓氏，故未錄之。

【注釋】

①眞人：原文「人眞」誤，改為「眞人」。

②主之於丹田：原文「之用於丹田」誤，改為「主之於丹田」。

③以神用息：原文「以神轉息」誤，改為「以神用息」。

拳意述真

陸軍步兵少校六等文虎章孫祿堂

## 拳意述眞序

孫祿堂先生以形意八卦太極拳術教授後學，恐久而失其眞也，乃作拳意述眞，述先輩傳授之精意而加以發揮，竣稿後命余序之。三家之術，其意本一。大抵務勝人尙氣力者，源失之濁，不求勝于人，神行機圓，而人亦莫能勝之者，其源則淸。淸則技與道合。先生是書，皆合乎道之言也。先生學形意，拜李奎垣先生之門，李之師爲郭先生雲深，而先生實學于郭，從之最久。幼棄其業，隨之往來各省。郭先生騎而馳，先生手攬馬尾，步追其後，奔逸絕塵，日嘗行百餘里。至京師，聞程先生廷華，精八卦拳術，董海川先生之徒也，訪焉，又絕受其術。程先生贊先生敏捷過于人，人亦樂授之。蚤從郭，暮依程，如是精練者數年，游行郡邑，聞有藝者必造訪，或不服與較，而先生未嘗負之，故郭程二先生贊曰，此子眞能不辱其師。先生年五十餘，居京師，有郝先生爲眞者，自廣平來，郝善太極



拳術，又從問其意。郝先生曰，異哉，吾一言而子通悟，勝專習數十年者。故先生融會三家，而能得其精微，筆之於書，表章先輩，開示後學，明內家道藝無二之旨，動靜交脩之法，其理深矣。其說俱備于書，閱者自知之。余因略述先生得道之由，以見先生是書，乃苦功經歷所得者，非空言也。

民國十二年歲次癸亥仲冬蘄水陳曾則序



## 拳意述眞自序

夫道者。陰陽之根。萬物之體也。其道未發。懸於太虛之內。其道已發。流行於萬物之中。夫道一而已矣。在天曰命。在人曰性。在物曰理。在拳術曰內勁。所以內家拳術。有形意、八卦。太極。三派。形式不同。其極還虛之道則一也。易曰。一陰一陽之謂道。若偏陰偏陽皆謂之病。夫人之一生。飮食之不調。氣血之不和。精神之不振。皆陰陽不和之故也。故古人。創內家拳術。使人潛心玩味。以思其理。身體力行。以合其道。則能復其本來之性體。然吾國拳術。門派頗多。形式不一。運用亦異。畢生不能窮其數。歷世不能盡其法。余自幼年好習拳術。性與形意八卦。太極。三派之拳術相近。研究五十餘年。得其概要。曾著形意八卦太極拳學。已刊行世。今又以昔年所聞先輩之言。述之於書。俾學者得知其眞意焉。三派拳術。形式不同。其理則同。用法不一。其制人之中心而取勝於人者則一也。按



一派拳術之中。諸位先生之言論形式。亦有不同者。蓋其運用。或有異耳。三派拳術之道。始於一理。中分爲三派。末復合爲一理。其一理者。三派亦各有所得也。形意拳之誠一也。八卦拳之萬法歸一也。太極拳之抱元守一也。古人云。天得一以淸。地得一以寧。人得一以靈。得其一而萬事畢也。三派之理。皆是以虛無而始。以虛無而終。所以三派諸位先生所練拳術之道。能與儒釋道三家。誠中。虛中。空中之妙理。合而爲一者也。余深恐諸位先生之苦心精詣。久而淹沒。故述之以公同好。惟自愧學術譾陋。無文。或未能發揮諸位先生之妙旨。望諸同志。隨時增補之。以發明其道可也。

民國十二年歲次癸亥直隸完縣孫福全序

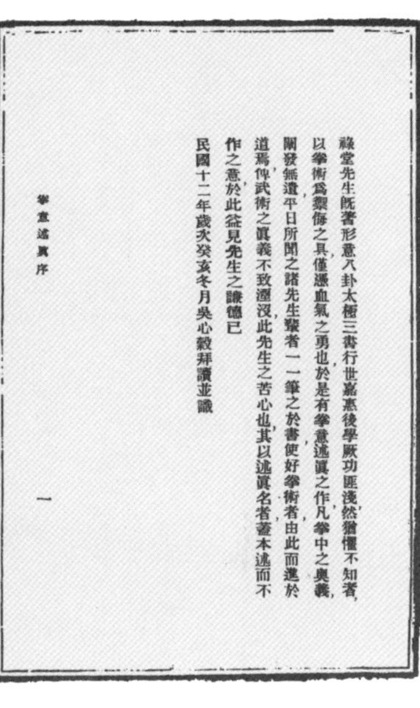

祿堂先生既著形意八卦太極三書行世嘉惠後學厥功匪淺，然猶懼不知者，以拳術爲禦侮之具僅憑血氣之勇也，於是有拳意述眞之作。凡拳中之奧義，闡發無遺，平日所聞之諸先生，擧者一一筆之於書，使好拳術者由此而進於道焉，俾武術之眞義不致湮沒，此先生之苦心也，其以述眞名者，蓋本述而不作之意，於此益見先生之謙德已

民國十二年歲次癸亥冬月吳心穀拜讀並識

拳意述眞目次





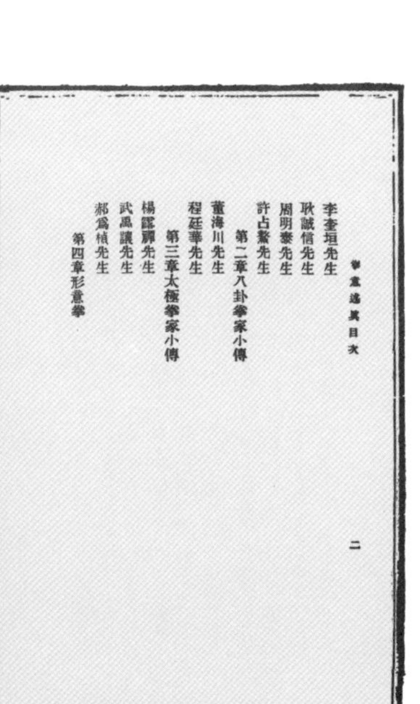

## 第一章形意拳家小傳

李先生諱飛羽字能然世稱老能先生。或曰洛能。洛農。老農。皆一音之轉也。直隸深縣人。經商於山西太谷。喜拳術。聞縣境有戴龍邦先生者善形意拳。往訪焉。觀面一見。音談舉止。均甚文雅。不似長武術者。心異之。辭去。他日倩人介紹。拜爲門下。時先生年三十七歲也。自受教後。晝夜練習。二年之久。所學者僅五行拳之一行。即劈拳。並半蹚連環拳耳。雖所學無多。而心中並不請益。誠心習練。日不間斷。是年龍邦先生之母八十壽誕。先生前往拜祝。所至之賓客。非親友。即龍邦先生之門生。拜壽之後。會武術者。皆在壽堂練習、各盡其所學焉。惟先生只練拳蹚半。龍邦先生之母。性喜拳術。凡形意拳之道理。並形式。無所不曉。遂問先生爲何連環拳只練半蹚。先生答曰。僅學此耳。當命龍邦先生曰。此人學有二年之久。所教者甚少。看來到是忠誠樸實。可以將此道理用心教授





之。龍邦先生。本是孝子。又受老母面諭。乃盡其所得乎心者。而授之先生。先生精心練習。至四十七歲。學乃大成。於形意拳之道理。無微不至矣。每與人相較。無不隨心所欲。手到功成。當時名望甚著。北數省人皆知之。教授門生。郭雲深。劉奇蘭。白西園。李太和。車毅齋。宋世榮。諸先生等。於是先生名聲愈著。道理愈深。本境有某甲。武進士也。體力逾常人。兼善拳術。與先生素相善。而於先生之武術。則竊有不服。每蓄意相較。輒以相善之故。難於啓齒。一日會談一室。言笑一如平常。初不料某甲之蓄意相試。毫無防備之意。而某甲於先生行動時。乘其不意。竊於身後。即捉住先生。用力舉起。及一伸手。而身體已騰空斜上。頭顱觸入頂棚之內。復行落下。兩足仍直立於地。未嘗傾跌。以邪術疑先生。先生告之曰。是非邪術也。蓋拳術上乘神化之功。有不見不聞之知覺。故神妙若此。非汝之所知也。時人遂稱先生曰神拳李能然。年八十餘歲。端坐椅上。一笑而逝。

郭先生諱峪生。字雲深。直隸深縣馬莊人。幼年好習拳術。習之數年。無所得。後遇李能然先生。談及形意拳術形式極簡單而道則深奧。先生甚愛慕之。能然先生。視先生有眞誠之心。遂收爲門下。口傳手授。先生得傳之後。心思會悟。身體力行。朝夕習練。數十年。能然先生傳授手法。二人對手之時。倏忽之間。身已跌出二丈餘。並不覺有所痛苦。只覺輕輕一划。遂飄然而去。先生既受能然先生所教拳術三層之道理。以至於體用規矩法術之奧妙。並劍術刀槍之精巧。無所不至其極。常遊各省與南北二派同道之人交接甚廣。閱歷頗多。亦嘗戲試其技。令有力壯者五人。各持木棍。以五棍之一端。頂於先生腹。五人將足立穩。將力使足。先生一鼓腹。而五壯年人。一齊騰身而起。跌坐於丈餘之外。又練虎形拳。身體一躍。至三丈外。先生所練之道理。腹極實。而心極虛。形式神氣沉重如泰山。而身體動作輕靈如飛鳥。所以先生遇有不測之事。只要耳聞目見



無論何物。來的如何勇猛速快。隨時身體皆能避之。先生熟讀兵書。復善奇門。著有解說形意拳經。詳細明暢。賜予收藏。後竟被人竊去。不知今藏何所。未能付梓流傳。致先生啓建後學之心。湮沒不彰。惜哉。先生懷抱絕技奇才。未遇其時。僅於北數省教授多人。後隱於鄉閭。至七十餘歲而終。

劉先生。字奇蘭。直隸深縣人。喜拳術。拜李能然先生爲師。學習形意拳術。先生隱居田廬。教授門徒。聯絡各派。無門戶之見。有初見先生。數言即拜服爲弟子者。先生至七十餘歲而終。弟子中以李存義。耿誠信。周明泰。三先生藝術爲最。其子殿臣。著形意拳抉微。發明先生之道。

宋世榮先生。宛平人。喜崑曲圍棋。性又好拳術。在山西太谷開設鐘表鋪。聞李能然先生拳術高超。名冠當時。託人引見。拜爲門下。自受教後。晝夜勤苦習練。迄不間斷。所學五行拳。及十二形。無不各盡其妙。練習十二形中。蛇形之時。能



盡蛇之性能。回身向左轉時。右手能攝住右足跟。及向右轉時。左手能攝住左足跟。回身停式。身形宛如蛇盤一團。開步走蹚。身形委曲灣轉。又如蛇之撥草蜿蜒而行也。練燕形之時。身子挨着地。能在板凳下邊一掠而過。出去一丈餘遠。此式之名。即叫燕子抄水。又練狸貓上樹。（此係拳中一着之名目）身子往上一躍。手足平貼於墻。能粘一二分鐘時。當時同門同道及門外之人見者固極多。現時曾親覩先生所練各式之技能者。亦復甚夥。蓋先生格物之功甚深。能各盡其性。故其傳神也若此。昔伶人某與先生相識。云在歸化城時。親見先生與一練技者比較。二人相離丈餘。練技者挺身一縱。甫一出手。其身已如箭之速。跌出兩丈有餘。而先生則毫無動轉。只見兩手於練技者之身一划耳。余二十餘歲時。住於北京小席兒胡同。白西園先生處。伶人某與白先生對門居。聞其向白先生嘗如此。民國十二年一月間。同門人某往太谷。拜見先生。先生時年八十餘歲



矣。精神健壯。身體靈動。一如當年。歸後告於予曰。先生談及拳術時。仍復眉飛色舞。口言其理。身比其形。殊忘其身爲耄耋翁。且歎後進健者之不如焉。

車先生。永宏。字毅齋。山西太谷縣人。家中小康。師李能然先生。學習拳術。先生自得道後。視富貴如浮雲。隱居田間。教授門徒甚多。能發明之道者。山西祁縣喬錦堂先生爲最。先生樂道。始終如一。至八十餘歲而終。

張先生。字樹德。直隸祁州人。幼年好習武術。拜李能然先生爲師。練拳並劍刀槍各術。合爲一氣。以拳爲劍。以劍爲拳。所用之槍法極善。有來訪先生比較槍法者。皆爲先生所敗。先生隱居田間。教門徒頗多。門徒承先生之技術者。亦不乏人。先生至八十餘歲而終。

劉先生。字曉蘭。直隸河間縣人。爲賈於易州西陵。性喜拳術。幼年練八極拳。工夫極純。後又拜李能然先生爲師。研究形意拳術。教授門徒。直省最多。老來精

神氣壯。八十餘歲而終。

李生先字鏡齋。直隸新安縣人。以孝廉歷任教授。性好拳術。年六十三。拜李能然先生爲師。與郭雲深先生相處最久。研究拳術。練至七十餘歲。頗得拳術之奧理。動作輕靈。仍如當年。先生云。至此方知拳術與儒學之道理。並行不悖。合而爲一者也。李先生壽至八十而終。

李先生名存義。字忠元。直隸深縣人。輕財好義。性喜拳術。幼年練習長短拳。後拜劉奇蘭先生之門。學形意拳術。習練數十年。爲人保鏢。往來各省。途中遇盜賊。手持單刀對敵。賊不敢進。或聞先生之名。義氣過人。避道者。故人以單刀李稱之。民國元年。在天津創辦武士會。教授門徒。誨人不倦。七十餘歲而終。

田先生字靜傑。直隸饒陽縣人。性好拳術。拜劉奇蘭先生爲師。先生保鏢護院多年。生平所遇奇事甚多。惜余不能記憶。故未能述之。先生七十餘歲。在田間





朝夕運動。以樂晚年。

李先生諱殿英。字奎垣。直隸淶水縣山後店上村人。幼年讀書。善小楷。性喜拳術。從易州許某學彈腿八極等拳。工夫極純熟。力量亦頗大。先生在壯年之時。保鏢護院。頗有名望。每好與人較技。時常勝人。後遇郭雲深先生。與之比較。先生善用腿。先生之腳方抬起。見雲深先生用手一划。先生身後有一板櫈。先生之身體。從板櫈越過去兩丈餘遠。倒於地下矣。先生起而謝罪。遂拜爲門下。侍奉雲深先生如父子然。後蒙雲深先生教授數年。晝夜習練。將所受之道理。表裏精微。無所不至其極矣。余從先生受教時。先生之技術。未甚精妙。先生自得道後。常爲書記。不輕言拳術矣。余遂侍從郭雲深先先受教。先生雖不與人輕言拳術。而仍練拳不懈。他人所不知也。先生至七十餘歲而終。

耿先生名繼善。字誠信。直隸深縣人。喜拳術。拜劉奇蘭先生爲師。學習形意拳。

隱居田間。以道爲樂。傳授門徒多人。七十餘歲。身體輕靈。健壯仍如當年。

周先生字明泰。直隸饒陽縣人。幼年在劉奇蘭先生家爲書童。喜拳術。遂拜奇蘭先生爲師。練習數載。保標多年。直隸鄭州一帶。門徒頗多。六十餘歲而終。

許先生名占鰲。字颿程。直隸定縣人。家中小康。幼年讀書。善八法。性喜拳術。專聘教習。練習長拳。刀槍劍術。身體輕靈。似飛鳥。知者皆以賽毛稱之。後又拜郭雲深先生爲師。學習形意拳術。傳授門徒頗多。六十餘歲而終。

## 第二章　八卦拳家小傳

董海川先生。順天文安縣朱家塢人。喜習武術。嘗涉迹江皖間。遇異人傳授。居三年。拳術劍術及各器械。無不造其極。歸後入肅王府當差。人多知其有奇技異能。投爲門下受教者。絡繹不絕。所教拳術。稱爲八卦。其式形皆是河圖洛書之數。其道體俱是先天後天之理。其用法乃八八六十四卦之變化而無窮。一





部易理。先生方寸之間。體之無遺。是以先生行止坐臥。動作之際。其變化之神妙。非常人所能測也。居嘗跏趺靜坐。值夏日大雨。墻忽傾倒。時先生趺坐於坑。貼近此墻。先生並未開目。弟子在側者。見墻倒之時。急注視先生。忽不見。而先生已趺坐於他處之椅上。身上未著點塵。先生又嘗晝寢。時值深秋。弟子以被覆之。輕輕覆於先生身。不意被覆於床。存者僅床與被。而先生不見矣。驚而返顧。則先生端坐於臨牕之一椅。謂其人曰。何不言耶。使我一驚。蓋先生之靈機。至是已臻不見不聞。即可知覺之境。故臨不測之險。其變化之神妙。有如此者。中庸云。至誠之道。可以前知。即此義也。年八十餘歲。端坐而逝。弟子尹福程廷華等。葬於東直門外榛椒樹東北紅橋大道旁。諸門弟子建碑。以誌其行焉。

程廷華先生。直隸深縣人。居北京花市大街四條。以眼鏡爲業。性喜武術。未得門徑。後經人介紹。拜董海川先生爲師。所學之拳。名爲遊身八卦連環掌。自受

傳後習練數年。得其精微。名聲大振。人稱之爲眼鏡程。無人不知之也。同道之人。來比較者甚多。無不敗於先生之手者。因此招人之忌。一日晚先生由前門返舖中。行至蘆草園。正走時。忽聞後有脚步聲甚急。先生方一回頭見尾隨之人。手使砍刀一把。光閃曜目。正望著先生之頭劈下。先生隨卽將身往下一縮。倏忽越出七八尺。其刀落空。旋卽回身。奪其刀以足踢倒於地。以刀擲之曰。朋友回家從用工夫。再來可也。不問彼之姓名。徜徉而去。當時有數人親眼見之。在京教授門徒頗多。其子海亭。亦足以發明先生技術之精奧者矣。

第三章太極拳家小傳

楊先生字露蟬。直隸廣平府人。喜拳術。得河南懷慶府陳家溝子之指授。遂以太極名于京師。來京教授弟子。故京師之太極拳術。皆先生所傳也。

武先生字禹讓。直隸廣平府人。往河南懷慶府趙堡鎭陳清平先生處學習太





極拳術。研究數十年。遇敵制勝。事蹟最多。郝爲楨先生言之不詳。故未能述之。

郝先生諱和。字爲楨。直隸廣平永年縣人。受太極拳術於亦畬先生。昔年訪友來北京。經友人介紹。與先生相識。見先生身體魁偉。容貌溫和。言皆中理。身體動止。和順自然。余與先生遂相投契。未幾先生患痢疾甚劇。因初次來京不久。朋友甚少。所識者惟同鄉楊健侯先生耳。余遂爲先生請醫服藥。朝夕服侍。月餘而愈。先生呼余曰。吾二人本無至交。萍水相逢。如此相待。實無可報。余曰。此事先生不必在心。俗云四海之內皆朋友。況同道乎。先生云。我實心感。欲將我平生所學之拳術。傳與君願否。余曰。恐求之不得耳。故請先生至家中。余朝夕受先生教授。數月得其大概。後先生返里。在本縣教授門徒頗多。先生壽七十有餘歲而終。其子月如能傳先生之術。門徒中精先生之武術者亦不少矣。

第四章形意拳

一則

郭雲深先生云。形意拳術有三層道理。有三步工夫。有三種練法。

三層道理

一練精化氣。二練氣化神。三練神還虛。練之以變化人之氣質復其本然之眞也

三步工夫

一 易骨。練之以築其基。以壯其體。骨體堅如鐵石。而形式氣質。威嚴狀似泰山。

一 易筋。練之以騰其膜。以長其筋。俗云筋長力大 其勁縱橫聯絡。生長而無窮也。

三 洗髓。練之以淸虛其內。以輕鬆其體。內中淸虛之象。神氣運用。圓活無滯。身體動轉。其輕如羽。（拳經云。三回九轉是一式。卽此意





義也。）

三種練法

一 明勁。練之總以規矩不可易。身體動轉要和順而不可乖戾。手足起落要整齊而不可散亂。拳經云。方者以正其中。卽此意也。

二 暗勁。練之神氣要舒展而不可拘。運用圓通活潑而不可滯。拳經云。圓者以應其外。卽此意也。

三 化勁。練之周身四肢動轉。起落進退。皆不可着力。專以神意運用之。雖是神意運用。惟形式規矩仍如前二種不可改移。雖然周身動轉不着力。亦不能全不着力。總在神意之貫通耳。拳經云。三回九轉是一式。亦卽此意義也。

一節 明勁

明勁者。即拳之剛勁也。易骨者。即煉精化氣易骨之道也。因人身中先天之氣與後天之氣不合。體質不堅。故發明其道。大凡人之初生。性無不善。體無不健。根無不固。純是先天。以後知識一開。靈竅一閉。先天不合。陰陽不交。皆是後天血氣用事。故血氣盛行。正氣衰弱。以致身體筋骨不能健壯。故昔達摩大師傳下易筋洗髓二經。習之以強壯人之身體。還其人之初生本來面目。後宋岳武穆王擴充二經之義。作爲三經。易骨易筋洗髓也。將三經又制成拳術。發明此經道理之用。拳經云。靜爲本體。動爲作用。與古之五禽八段練法有體而無用者不同矣。因拳術有無窮之妙用。故先有易骨易筋洗髓陰陽混成。剛柔悉化。無聲無臭。虛空靈通之全體。所以有其虛空靈通之全體。方有神化不測之妙用。故因此拳是內外一氣。動靜一源。體用一道。所以靜爲本體。動爲作用也。因人爲一小天地。無不與天地之理相合。惟是天地之陰陽變化。皆有更易。人之





一身。既與天地道理相合。身體虛弱。剛戾之氣。豈不能易乎。故更易之道。弱者易之強。柔者易之剛。悖者易之和。所以三經者。皆是變化人之氣質。以復其初也。易骨者。是拳中之明勁。練精化氣之道也。將人身中散亂之氣。收納於丹田之內。不偏不倚。和而不流。用九要之規模。鍛練至於六陽純全。剛健之至。即拳中上下相連。手足相顧。內外如一。至此拳中明勁之功盡。易骨之勁全。練精化氣之功亦畢矣。

二節　暗勁

暗勁者。拳中之柔勁也。（柔勁與軟不同。軟中無力。柔非無力也。）即練氣化神易筋之道也。先練明勁而後練暗勁。即丹道小周天止火再用大周天功夫之意。明勁停手。即小周天之沐浴也。暗勁手足停而未停。即大周天四正之沐浴也。拳中所用之勁。是將形氣神（神即意也）合住。兩手往後用力拉回。（內中有縮力）其意如拔鋼絲。兩手前

後用勁。左手往前推。右手往回拉。或右手往前推。左手往回拉。其意如撕絲綿。又如兩手拉硬弓。要用力徐徐拉開之意。兩手或右手往外翻橫。左手往裏裹勁。或左手往外翻橫。右手往裏裹勁。如同練鼉形之兩手。或是練連環拳之包裹拳。拳經云。裹者如包裹之不露。兩手往前推勁。如同推有輪之重物。往前推不動之意。又似推動而不動之意。兩足用力。前足落地時。足根先着地。不可有聲。然後再滿足着地。所用之勁。如同手往前往下按物一般。後足用力蹬勁。如同邁大步過水溝之意。拳經云。腳打採意不落空。是前足。消息全憑後腳蹬。是後足。馬有蹟蹄之功。皆是管兩足之意也。兩足進退明勁暗勁兩段之步法相同。惟是明勁則有聲。暗勁則無聲耳。

三節　化勁

化勁者。即練神還虛。亦謂之洗髓之功夫也。是將暗勁練到至柔至順。謂之柔





順之極處。暗勁之終也。丹經云。陰陽混成。剛柔悉化。謂之丹熟。柔勁之終。是化勁之始也。所以再加向上工夫。用練神還虛。至形神俱杳。與道合真。以至於無聲無臭。謂之脫丹矣。拳經謂之拳無拳。意無意。無意之中。是真意。是謂之化勁。練神還虛洗髓之工畢矣。化勁者。與練划勁不同。明勁暗勁亦皆有划勁。划勁是兩手出入起落俱短。亦謂之短勁。如同手往着墻抓去、往下一划。手仍回在自己身上來。故謂之划勁。練化勁者。與前兩步工夫之形式無異。所用之勁不同耳。拳經云。三回九轉是一式。是此意也。三回者。練精化氣。練氣化神。練神還虛。即明勁暗勁化勁是也。三回者明暗化勁是一式。九轉者九轉純陽也。化至虛無而還於純陽。是此理也。所練之時。將手足動作。順其前兩步之形式。皆不要用力。並非頑空不用力。周身內外。全用真意運用耳。手足動作。所用之力。有而若無。實而若虛。腹內之氣。所用亦不着意。亦非不着意。意在積蓄虛靈之神

耳。呼吸似有似無。與丹道工夫。陽生至足採取歸爐。封固停息沐浴之時。呼吸相同。因此似有而無。皆是真息。是一神之妙用也。莊子云。真人之呼吸以踵。即是此意。非閉氣也。用工練去。不要間斷。練到至虛。身無其身。心無其心。方是形神俱妙。與道合真之境。此時能與太虛同體矣。以後練虛合道。能至寂然不動。感而遂通。無入而不自得。無往而不得其道。無可無不可也。拳經云。固靈根而動心者。武藝也。養靈根而靜心者。修道也。所以形意拳術。與丹道合而為一者也。

二則

形意拳。起點三體式。兩足要單重。不可雙重。單重者。非一足著地。一足懸起。不過前足可虛可實。著重在於後足耳。以後練各形式。亦有雙重之式。雖然是雙重之式。亦不離單重之重心。以至極高。極俯。極矮。極仰之形式。亦總不離三體





式單重之中心。故三體式。為萬形基礎之也。三體式單重者。得其中和之起點。動作靈活。形式一氣。無有間斷耳。雙重三體式者。形式沉重。力氣極大。惟是陰陽不分。乾坤不辨、奇偶不顯、剛柔不判。虛實不明。內開外合。不清。進退起落動作不靈活。所以形意拳三體式。不得其單重之中和。先後天亦不交。剛多柔少。失却中和。道理亦不明。變化亦不通。自被血氣所拘。拙勁所捆。此皆是被三體式雙重之所拘也。若得著單重三體式中和之道理。以後行之。無論單重雙重各形之式。無可無不可也。

三則

形意拳術之道。練之極易。亦極難。易者。是拳術之形式。至易至簡。而不繁亂。其拳術之始終。動作運用。皆人之所不慮而知。不學而能者也。周身動作運用。亦皆年常之理。惟人之未學時。手足動作運用。無有規矩。而不能整齊。所教授者。不過將人之不慮而知。不學而能。平常所運用之形式。入於規矩之中。四肢動作。而不散亂者也。果練之有恆。而不間斷。可以至於至善矣。若到至善處。諸形之運用。無不合道矣。以他人觀之。有一動一靜。一言一默之運用。奧妙不測之神氣。然而自己並不知其善於拳術也。因動作運用。皆是平常之道理。無強人之所難。所以拳術乃極易也。中庸云。人莫不飲食也。鮮能知味也。難者。是練者厭其拳之形式簡單。而不良於觀。以致半途而廢者有之。或是練者惡其道理平常。而無有奇妙之法則。自己專好剛勁之氣。身外又務奇異之形。故終身練之。而不能得著形意拳術中和之道也。因此好高務遠。看理偏僻。所以拳術之道理。得之甚難。中庸云。道不遠人。人之為道而遠人。即此意義也。

四則

形意拳術之道無他。神氣二者而已。丹道始終全丈呼吸。起初大小周天。以及





還虛之功者。皆是呼吸之變化耳。拳術之道亦然。惟有煆煉形體與筋骨之功。丹道是靜中求動。動極而復靜也。拳術是動中求靜。靜極而復動也。其初練之似異。以至還虛則同、形意拳經云。固靈根而經心動。敵將也。養靈根而將心靜。修道也。所以形意拳之道。即丹道之學也。丹道有三易。煉精化氣。煉氣化神。煉神還虛。拳術亦有三易、易骨。易筋。洗髓。三易即拳中明勁。暗勁。化勁也。練至拳無拳。意無意。無意之中。是真意。亦與丹道。煉虛合道相合也、丹道有最初還虛之功。以至虛極靜篤之時。下元真陽發動。即速回光返照。凝神入氣穴。息息歸根。神氣未交之時。存神用息。綿綿若存。念茲在茲。此武火之謂也。至神氣已交。又當忘息以致採取歸爐。封固停息沐浴。起火。進退升降歸根。俟動而復煉。煉至不動。為限數足滿。止火。謂之坎離交媾。國為小周天。以至大周天之工夫。無非自無而生有。由微而至著。由小而至大、由虛而積累。皆呼吸火候之變化文

武剛柔。隨時消息。此皆是順中用逆。逆中行順。用其無過不及中和之道也。此不過略言丹道之概耳。丹道與拳術並行不悖。故形意拳術。非粗率之武藝。余恐後來練形意拳術之人。只用其後天血氣之力。不知有先天眞陽之氣。故發明形意拳術之道。只此神氣二者而已。故此先言丹道之大概。後再論拳術之詳情。

五　則

郭雲深先生言。練形意拳術。有三層之呼吸。

第一層練拳術之呼吸。將舌捲回。頂住上腭。口似開非開。似合非合。呼吸任其自然。不可着意於呼吸。因手足動作合於規矩。是爲調息之法則。亦卽練精化氣之工夫也。

第二層練拳術之呼吸。口之開合。舌頂上腭。等規則照前。惟呼吸與前一層不





同。前者手足動作。是調息之法則。此是息調也。前者口鼻之呼吸。不過借此以通乎內外也。此二層之呼吸。著意於丹田之內呼吸也。又名胎息。是爲練氣化神之理也。

第三層練拳術之呼吸。與上兩層之意又不同。前一層是明勁。有形於外。二層是暗勁。有形於內。此呼吸雖有而若無。勿忘勿助之意思。卽是神化之妙用也。心中空空洞洞。不有不無。非有非無。是爲無聲無臭。還虛之道也。此三種呼吸。爲練拳術始終本末之次序。卽一氣貫通之理。自有而化無之道也。

六　則

人未練拳術之先。手足動作。順其後天自然之性。由壯而老。以至于死。通家逆運先天。轉乾坤。扭氣機。以求長生之術。拳術亦然。起點從平常之自然之道。逆轉。其機由靜而動。再由動而靜。成爲三體式。其姿式。兩足要前虛後實。不俯不

仰。不左斜。不右歪。心中要虛空。平靜無物。一毫之血氣。不能加於其內。要純任自然。虛靈之本體。由著本體而再萌動練去。是爲拳中純任自然之眞勁。亦謂人之本性。又謂之丹道最初還虛之理。亦謂之明善復初之道。其三體式中之靈妙。非有眞傳。不能知也。內中之意思。猶丹道之點玄關。大學之言明德。孟子所謂養浩然之氣。又與河圖中五之一點。太極先天之氣相合也。其姿式之中。非身體兩腿站均當中之中也。其中是用規矩之法則。縮回身中散亂馳外之靈氣。返歸於內。正氣復初。血氣自然不加於其內。心中虛空。是之謂中。亦謂之道心。因此再動。丹書云。靜則爲性。動則爲意。妙用則爲神。所以拳術再動練去。謂之先天之眞意。則身體手足動作。卽有形之物。謂之後天。以後天合着規矩法則。形容先天之眞意。自最初還虛。以至末後還虛。循環無端之理。無聲無臭之德。此皆名爲形意拳之道也。其拳術最初積蓄之眞意與氣。以致滿足。中立





而不倚。和而不流。無形無相。此謂拳中之內勁也。內家拳術之名卽此理也其拳中之內勁。最初練之人。不知其所以然之理。因其理最微妙。不能不詳言之。免後學入於岐途。初學入門。有三害九要之規矩。三害莫犯。九要不失其理。八卦拳學詳之矣手足動作。合於規矩。不失三體式之本體。謂之調息。練時口要似開非開。似合非合。純任自然。舌頂上腭。要鼻孔出氣。平常不練時。以至方練完收式時。口要閉。不可開。要時時令鼻孔出氣。說話。吃飯。喝茶時。可開口。除此之外。總要舌頂上腭。閉口。令鼻孔出氣。謹要。至於睡臥時。亦是如此。練至手足相合。起落進退如一。謂之息調。手足動作。要合不於規矩。上下不齊。進退步法錯亂。掣動呼吸之氣不均。出氣甚粗。以致胸間發悶。皆是起落進退。手足步法。不合規矩之故也。此謂之息不調。因息不調。拳法身體不能順也。拳中之內勁。是將人之散亂於外之神氣。用拳中之規矩。手足身體動作。順中用逆。縮回於丹田之內。與丹田之元氣

相交自無而有。自微而著。自虛而實。皆是漸漸積蓄而成。此謂拳之內勁也。丹書云。以凡人之呼吸。尋眞人之呼處。莊子云眞人呼吸以踵。亦是此意也。拳術調呼吸從後天陰氣所積。若致小腹堅硬如石。此乃後天之氣勉強積蓄而有也。總要呼吸純任自然。用眞意之元神。引之於丹田。腹雖實而若虛。有而若無。老子云綿綿若存。又云虛其心。而靈性不昧。振道心。正氣常存。亦此意也。此理卽拳中內勁之意義也。

七則

形意拳之用法。有三層。有有形有像之用。有有名有相無迹之用。有有聲有名無形之用。有無形無相無聲無臭之用。拳經云。起如鋼銼。起者去也。落如鉤竿。落者回也。未起如摘子。未落如墜子。起如箭。落如風。追風趕月不放鬆。起如風。落如箭。打倒還嫌慢。足打七分。手打三。五行四稍要合。全氣連心意隨時用。硬打硬





進無遮攔。打人如走路。看人如蒿草。胆上如風響。起落似箭鑽。進步不勝。必有寒食之心。此是初步明勁。有形有相之用也。到暗勁之時。用法更妙。起似伏龍登天。落如霹雷擊地。起無形。落無蹤。起意好似捲地風。起不起。何用再起。落不落。何用再落。低之中望爲高。高之中望爲低。打起落如水之翻浪。不翻不讚。一寸爲先。脚打七分手打三。五行四稍要合。全氣連心意隨時用。打破身式無遮攔。此是二步暗勁形迹有無之用也。拳無拳。意無意。無意之中是眞意。拳打三節不見形。如見形影不爲能。隨時而發。一言一默。一舉一動。行止坐臥。以致飲食茶水之間。皆是用。或有人處。或無人處。無處不是用。所以無入而不自得。無往而不得其道。以致寂然不動。感而遂通也。此皆是化勁神化之用也。然而所用之虛實奇正。亦不可專有意用於奇正虛實。虛者。並非專用虛。於彼己手在彼手之上。用勁拉回。如落鉤竿。謂之實。己手在彼手之下。亦用勁拉回。彼之手

挨不着我的手。謂之虛。並非專有意於虛實。是在彼之形式感觸耳。奇正之理亦然。奇無不正。正無不奇。奇中有正。正中有奇。奇正之變。如循環之無端。所用不窮也。拳經云。拳去不空回。空回總不奇。是此意也。

八則

形意拳術。明勁是小學工夫。進退起落。左轉右旋。形式有間斷。故謂之小學。暗勁是大學之道。上下相連。手足相顧。內外如一。循環無端。形式無有間斷。故謂之大學。此喻是發明其拳所以然之理也。論語云。一以貫之。此拳亦是求一以貫之道也。陰陽混成。剛柔相合。內外如一。謂之化勁。用神化去。至於無聲無臭之德也。孟子云。大而化之之謂聖。聖而不可知之之謂神。丹書云。形神具杳。乃與道合眞之境。拳經云。拳無拳。意無意。無意之中。是眞意。如此者。不見而章。不動而變。無爲而成。寂然不動。感而遂通也。老子云。得其一而萬事畢。人得其一謂





之大拳中內外如一之勁用之於敵。當剛則剛。當柔則柔。飛騰變化。無人而不自得。亦無可無不可也。此之謂一以貫之。一之爲用。雖然純熟。總是有一之形迹也。尚未到至妙處。因此要將一化去。化到至虛無之境。謂之至誠至虛至空也。如此大而化之之謂聖。聖而不可知之之謂神之道理得矣。

九則

拳術之道。要自己煆練身體。以却病延年。無大難法。若與人相較。則非易事。第一存心謹慎。要知己知彼。不可驕矜。驕矜必敗。若相識之人。久在一處。所練何拳。藝之深淺。彼此皆知。或喜用脚。或善用手。皆知其大概。誰勝誰負。尚不易言。若與不相識之人。初次見面。彼此不知所練何種拳術。所用何法。若一交手。其藝淺者自立時相形見絀。若皆是明手。兩人相較。則頗不易言勝。所宜知者一觀面先察其人。精神是否虛靈。氣質是否雄厚。身軀是否活潑。再察其言論。或

誐或矜其所言與其人之神氣形體動作是否相符觀此三者彼之藝能知其大概矣及相較之時或彼先動或己先動務要辨地勢之遠近險隘廣狹死生若二人相離極近彼或發拳或發足皆能傷及吾身則當如拳經云眼要毒手要奸（奸即巧也）腳踏中門雖囊躦眼有監察之精手有撥轉之能足有行程之功兩肘不離肋兩手不離心出洞入洞緊隨身乘其無備而攻之出其不意而出之此是近地以速之意也兩人相離之地遠或三四步或五六步不等不可直上恐彼以逸待勞不等己發拳而彼先發之矣所以方動之時不要將神氣顯露於外似無意之情形緩緩走至彼相近處相機而用彼動機方露己即速撲上去或掌或拳隨左打左隨右打右彼之剛柔己之進退起落變化總相機而行之此謂遠地以緩也己所立之地勢有利不利亦得因敵人而用之不可拘著程廷華先生亦云與彼相較之時看彼之剛柔或力大或奸巧彼剛吾柔彼柔





吾剛彼高吾低彼低吾高彼長吾短彼短吾長彼開吾合彼合吾開或吾忽開忽合忽剛忽柔忽上忽下忽短忽長忽來忽去不可拘使成法須相敵之情形而行之雖不能取勝于敵亦不能驟然敗於敵也總以謹慎為要

十　則

拳經云上下相連內外合一俗云上下是頭足也亦云手足也按拳中道理言之是上呼吸之氣與下呼吸之氣相接也此是上下相連心腎相交也內外合一者是心中神意下照於海底腹內靜極而動海底之氣微微自下而上與神意相交歸於丹田之中運貫於周身暢達於四肢融融和和如此方是上下相連手足自相然順合內外而為一者也

十一則

練拳術不可固執不所若專以求力即被力拘專以求氣即被氣所枸若專以求沉重即為沉重所捆墜若專以求輕浮神氣則被輕浮所散所以然者練之形式順者自有力內裏中和者自生氣神意歸於丹田者身自然重如泰山將神氣合一化成虛空者自然身輕如羽故此不可以專求雖然求之有所得焉亦是有若無實若虛勿忘勿助不勉而中不思而得從容中道而已

十二則

形意拳術之橫拳有先天之橫有後天之橫有一行之橫先天之橫者由靜而動為無形之橫拳也橫者中也易云黃中通理正位居體即此意也拳經云起無形起為橫皆是也（此起字是內中之起自虛無而生有其意發動之時在拳中謂之橫亦謂之起）此橫有名無形為諸形之母也萬物皆含育於其中矣其橫則為拳中之太極也後天之橫者是拳中外形手足以動即名為橫也此橫有名有式無有橫之相也因頭手足（肩肘〇膝名七拳）外形七拳以動即名為橫亦為諸式之幹也萬法亦皆生於其內也





十三則

形意拳術頭層明練謂之練精化氣為丹道中之武火也第二層暗勁謂之練氣化神為丹道中之文火也二層化勁謂之練神還虛為丹道中火候純也火候純而內外一氣成矣再練亦無勁亦無火謂之練虛合道以致行止坐臥一言一默無往而不合其道也拳經云拳無拳意無意無意之中是真意至此無聲無臭之德至矣先人詩曰道本自然一氣遊空空靜靜最難求得來萬法皆無用身形應當似水流

十四則

拳意之道大概皆是河洛之理以之取象命名數理兼該順其人動之作之自然制成法則而人身體力行之古人云天有八風易有八卦人有八脈拳有八勢是以拳術有八卦之變化八卦者有圓之象焉天有九天星有九野地有九

梟人有九竅九數。拳有九宮之方位。九宮者有方之義焉。古人以九府而作圜法。以九室而作明堂。以九區而作貢賦。以九軍而作陣法。以九竅九數。（九數者即九節也頭爲梢節心爲中節丹田爲根節手爲梢節肘爲中節肩爲根節足爲梢節膝爲中節○胯爲根節三三共九節也）而作拳術。無非用九。其理亦妙矣。河之圖。洛之書。皆出於天地自然之數。禹之範。大撓之歷。皆聖人得於天地之心法。余蒙老農先生所授之九宮圖。其理亦出於此而運用之神妙。變化莫測。此圖之道。夫婦之愚。可以與知與能。及其至也。雖聖人亦有所不知不能矣。其圖之形式。是飛九宮之道。一至九。九還一之理。用竿九根布之四正四隅。四根當中一根。竿不拘粗細。起初練之地方要寬大。竿相離要遠。大約或一丈之方形。或一丈有餘。或兩丈。不拘尺寸。練之已熟。漸漸而縮小。縮至兩竿相離之遠近。僅能容身穿行往來。形如流水。旋轉自如而不礙所立之竿。繞轉之形式。用十二形。或如鷂子入林翻身之巧。或如蛇撥草入穴之妙。



或如猿猴縱跳之靈活。各形之巧妙。無所不有也。此圖之效力。不會拳術者。按法走之。可以消食。血脈流通。若練拳術而步法不活動者。走之可以能活動。練拳術身體發拘者。走之身體可以能靈通。練拳術心中固執者。走之可以能靈妙。無論男女老少。皆可行之。可以却病延年。強健身體。等等妙術。不可言宣。拳經云。打拳如走路。看人如蒿草。武藝都道無正經。任意變化是無窮。豈知吾得嬰兒玩。打法天下是眞形。三回九轉是一式之理。亦皆在其中矣。此圖明數學者。能曉此圖之理。練八卦拳者。能通此圖之道也。此圖亦可作爲遊戲運動。走練之時。舌頂上腭。不會練拳術者。行走之時。兩手曲伸。可以隨便。要會拳術者。按自己所會之法則。運用可也。無論如何運動。左旋右轉。兩手身體不能動着所立之竿爲要。此圖不只運動身體已也。而劍術之法。亦含藏於其中矣。此九根竿之高矮。總要比人略高。可以九個泥墊。或木墊。將竿插在內。可以移動。練



用時可分布九宮。不練時可收在一處。若地基方便。不動亦可。若實在無有竿之時。磚石分布九宮亦可。若無磚石。畫九個小圈。走之亦無不可。總而言之。總是有竿練之爲最妙。此法走練起初。按一二三四五六七八九之路。返之九八七六五四三二一。此圖外四正四隅八根竿。比喻八卦。當中一根。又共比喻九個門。要練純熟。無論何門。亦可以起點。要之歸原。不能離開中門。即中五宮也。走之按一至二。二至三。三至九。返之九至八。八至七。又還於一之數。此圖一圈一根竿也。一至九。九返一。即所行之路也。名爲飛九宮也。亦名陰八卦也。河圖之理藏之於內。洛書之道形之於外也。所以拳術之道。體用具備。數理賅該。性命雙修。乾坤相交。合內外而爲一者也。走練此圖之意。九竿如同九人。如一人之敵九。左右旋轉。曲伸往來。飛躍變化。閃展騰挪。其中之法則。按着規矩。其中之妙用。亦得要自己悟會耳。其圖之道。亦和於乾坤二卦之理。六十四卦之式。皆



含在其中矣。在人賢者。識其大者。不賢者識其小者。得之莫不有拳術奧妙之道焉。

四　九　二
三　五　七
八　一　六

四　九　二
三　五　七
八　一　六

一則

白西園先生云。練形意拳之道。實是却病延年。修道之學也。余自幼年行醫。今

年近七旬矣。身體動作輕靈。仍似當年強壯之時也。並無服過參茸保養之物。此拳之道養氣修身之理。實有確據。眞有如服仙丹之效驗也。惟練拳易得道難。得道易養道尤難。所以練拳術第一要得眞傳。將拳內所練之規矩。要知得的確。按次序而練之。第二要眞愛惜。第三要有恆心。作爲自已終身修養之功課也。除此三者之外。雖然講練。古人云。心不在焉。視而不見。聽而不聞。食而不知其味。就是終身不能有得也。就是至誠有恆心所練之道理。雖少有得焉。亦不能自驗。所練之形式道理。亦要時常求老師或諸位老先生們看視。古人云。人非聖賢。誰能無過。若以驗素日所得之道理。亦時常失去。道理以失。拳術就生出無數之病來。（卽拳術之病非人所得吃藥之病也）若是明顯之病。還可容易更改。老師工夫大小。道理深淺。可以更正也。若是暗藏錯綜之病。非得老師道理極深。經驗頗富。不能治此病也。錯綜之病。頭上之病不在頭。脚上之病不在脚。身內之病不在



內。身外之病不在外。此是錯綜之病也。暗藏之病。若隱若現。若有若無。此病於平常所練之人。亦看不出有病來。自己覺着亦無毛病。心想自己所練的道理亦到純熟矣。豈不知自己之病入之更深矣。非得洞明其理。深達其道者。不能更改此樣病也。若不然。就是晝夜習練。終身不能入於正道矣。此病謂之俗。自然勁也。與寫字用工入了俗派。始終不能長進之道理相同也。所以練拳術者。練一身極好之技術。與人相較。亦極其勇敢。到容易練。十人之中可以練成七八個矣。若能敎育人者。再自己工夫極純。身體動作極其和順。折理亦極其明詳。令人容易領會。可以作後學之表率。如此人者。十人之中難得一二人矣。練拳術之道理。神氣貫通。形質和順。剛柔曲折。法度長短。與曾文正公談書法會乾坤二卦之理相同也。

一則



劉奇蘭先生云。形意拳術之道。體用莫分。自己練者爲體。行之於彼爲用。自己練時。眼不可散亂。將視一極點處。或看自己之手。將神氣定住。內外合一。不可移動。要用之於彼。或看彼上之兩眼。或看彼之中心。或看彼下之兩足。不要站定成式。不可專用成法。或拳或掌。望着就使、起落進退。變化不窮。是用智而取勝於敵也。若用成法。卽能勝於人。亦是一時之僥倖耳。所應曉者。須固住自己神氣。不使散亂。此謂無敵於天下也。

二則

形意拳經云。養靈根而靜心者。修道也。固靈根而動心者。敵將也。敵將之用者。起如鋼銼。落如鉤竿。起似伏龍登天。落如霹雷擊地。起無形。落無踪。起好似箭攙地風。束身而起。長身而落。起如箭。落如風。追風趕月不放鬆。起如風。落如箭。打倒還嫌慢。打人如走路。看人如蒿草。胆上如風響。起落似箭鑽。遇敵要取勝。



四稍具要齊。是內外誠實如一也。進步不勝。必有胆寒之心也。此是固靈根而動心者。敵將所用之法也。

三則

道藝之用者。心中空空洞洞。不勉而中。不思而得。從容中道而時出之。拳無拳。意無意。無意之中是眞意。心無其心。心空也。身無其身。身空也。古人云。所謂空而不空。不空而空。是謂眞空。雖空乃至實。至誠也。忽然有敵人來擊。心中並非有意打他。（無意卽無火也）隨彼意而應之。拳經云。靜爲本體。動爲作用。卽是寂然不動。感而遂通。無可無不可也。此是養靈根而靜心者所用之法也。夫練拳至無拳無意之境。乃能與太虛同體。故用之奧妙而不可測。然能至是者鮮矣。

一則

宋世榮先生云。形意拳之道。是先將拳術已成之着法。玩而求之。而有得之於

心爲。或吾胸中有千萬法可也。或吾胸中渾渾淪淪。無一著法亦可也無一法者。是一氣之合也以致於應用之時。無可無不可也。有千萬法者。是一氣之流行也。應敵之時。當剛則剛。當柔則柔。起落進退變化。皆可因敵而用之也。譬如千萬法者•是一形一着法也。一着法之中。亦皆能生生不已也。譬如練蛇形。蛇有撥草之精。至於蛇之盤旋曲伸。剛柔靈妙等式。皆伊之性能也。兵法云。譬如常山蛇陣式。擊首則尾應。擊尾則首應。擊其中則首尾皆應。所以練一形之中。將伊之性能。格物到至善處。用之於敵。可以循環無端。變化無窮。故能時措之宜也。一形之能力如此。十二形之能力皆如是也。內中之道理。物之伸者。是吾拳之長勁也。物之曲者。是吾拳之短勁也。亦吾拳之划勁也。物之曲曲灣轉者。是吾拳之柔勁也。物之往前直去猛快者•是吾拳之剛勁也。雖然一物之性能。剛柔曲直。縱橫變化。靈活巧妙。人有所不能及也。所以練形意拳術者。是格漸



十二形之性能。而得之於心。是能盡物之性也。亦是盡己之性也。因此練形意拳者。是效法天地。化育萬物之道也。此理存之於內而爲德。用之於外而爲道也。又內勁者。內爲天德。外法者。外爲王道•所以此拳之用。用能以無可無不可也。

二　則

形意拳術、有道藝。武藝之分。有三體式。單重。雙重之別。練武藝者。是雙重之姿式。重心在於兩腿之間。全身用力。清濁不分。先後天不辨。用後天之意。引呼吸之氣。積蓄於丹田之內。其堅如鐵石。周身沉重。站立如同泰山一般。若與他人相較。不怕足錫手擊。拳經云。足打七分手打三。五行四稍。要合全。氣連心意隨時用。硬打硬進無遮攔。此謂之濁源。所以爲敵將之武藝也。若練到至善處。亦可以無敵於天下也。練道藝者。是三體式。單重無姿式。前虛後實。重心在於後足。前



足亦可虛。亦可實。心中不用力。先要虛其心。意思與丹道相合。丹書云。靜坐要最初還虛。不還虛。不能見本性。不見本性。用工皆是濁源。並非先天之眞性也。拳術之理亦然。所以亦要最初還虛。不用後天之心意。亦並非全然不用。要全不用。成爲頑空矣。所以用勁者。非用後天之拙力。皆是規矩中之用力耳。還虛者。丹書云。中者虛空之性體也。執中者。還虛之功用也。是故形意拳術起點有無極。太極。三體之式。其理是最初還之功用也。丹書云。道自虛無生一氣。便從一氣產陰陽。陰陽再合成三體。三體重生萬物。張是此意也。三體者。在身體外爲頭手足也。內爲上中下三田也。在拳中。形意。八卦。太極。三派之一體也。雖分三體之名。統體一陰陽也。陰歸總一太極也。即一氣也。亦即形意拳中起點無形之橫拳也。此橫拳者。是人本來之眞心。空空洞洞。不掛著一毫之拙力。至虛至無。即太極也。所謂無名天地之始。但此虛無太極。不是死的。乃是活的。其中



有一點生機藏焉。此機名曰。先天眞一之氣。爲人性命之根。造化之源。生死之本也。此虛無中含此一氣。不有不無。非有非無。非色非空。活活潑潑的。又曰眞空。眞空者。空而不空。不空而空。所謂有名萬物之母。虛無中既有一點生機在內。是太極含一氣。一自虛無兆質矣。此太極含一氣。是丹書所說的靜極而動也。邵子云。一陽初發動。萬物未生時。是虛極靜篤時。海底中有一點生機發動也。在拳術中。虛極時橫拳圓滿無虧。內中有一點靈機生焉。丹書云。一氣既兆質。不能無動靜。動爲陽。靜爲陰。是動靜既生於一氣。兩儀因此一氣開根也。動極而靜。靜極而動。劈崩躦炮起躦落翻。精氣神。即於此而寓之矣。故此三體式內之一點生。候發動而能至於無窮。所以謂之道藝也。

三　則

靜坐工夫。以呼吸調息。練拳術以手足動作爲調息。起落進退。皆合規矩。手足

動作。亦具和順。內外神形相合。謂之息調。以身體動作旋轉。縱橫往來。無有停滯。一氣流行。循環無端。謂之停息。亦謂之脫胎神化也。雖然一是動中求靜。一是靜中求動。二者似乎不同。其實內中之道理則一也。

一則

車毅齋先生云。形意拳之道。合於中庸之道也。其道中正。廣大至易至簡。不偏不倚。和而不流。包羅萬象。體物不遺。放之則彌六合。卷之則退藏於密。其味無窮。皆實學也。惟是起初所學。先要學一派。一派之中。亦得專一形而學之。學而時習之。習之已熟。然後再學他形。各形純熟。再貫串統一而習之。習之極熟。全體各形之式。一形如一手之式。一手如一意之動。一意如同自虛空發出。所以練拳學者。自虛無而起。自虛無而還也。到此時形意也。八卦也。太極也。諸形皆無。萬象皆空。混混淪淪。一渾氣然。何有太極。何有形意。何有八卦也。所以練拳





術不在形式。只在神氣圓滿無虧而已。神氣圓滿。形式雖方而亦能活動無滯。神氣不足。就是形式雖圓。動作亦不能靈通也。拳經云。尚德不尚力。意在蓄神耳。用神意合丹田先天眞陽之氣。運化於周身。無微不至。以至於應用。無處不有。無時不然。所謂物物一太極。物物一陰陽也。中庸云。鬼神之爲德。其盛矣乎。視之而弗見。聽之而弗聞。體物而不可遺。亦是此拳之意義也。所以練拳術者。不可守定成規成法而應用之。成法者。是初入門敎人之規則。可以變化人之氣質。開人之智識。明人之心性。是化除後天之氣質。以復其先天之氣也。以至虛無之時。無所謂體。無所謂用。拳經云。靜爲本體。動爲作用。是體用一源也。體用分言之。以體言行止坐臥。一言一默。無往而不得其道也。以用言之。無可無不可也。余幼年間血氣盛足。力量正大。法術記的頗多。用的亦熟。亦快。每逢與人相比較之時。觀彼之形式。可以用某種手法正合宜。技術淺者。占人一氣之

先。往往勝人。遇着技術深者。觀其身式。用某種手法亦正合宜。一到彼之身邊。彼卽隨式而變矣。自己的舊力未完。新力未生。往往再想變換手法。有來不及處。一時要進退不靈活。就敗於彼矣。以後用力之久。而一旦豁然貫通。將體式法身全都脫去。始悟前者所練體式。皆是血氣所用之法。術乃是成規。先前用法。中間皆有間斷。不能連手變化。皆因是後天用事。不得中和之故也。昔年有一某先生。亦是練拳之人。在余處閒談。彼憑着血氣力足。不明此拳之道理。暗中有不服之意。余此時正洗面。且吾洗面之姿式。皆用騎馬式。並未注意於彼。不料彼要取玩笑。起身用脚望着余之後腰用脚踢去。彼足方到予之身邊。似挨未挨之時。予並未預料。譬如靜坐工夫丹田之氣始動。心中之神意知覺。卽速又望北接渡也。此時物到神知。予神形合一。身子一起。覺腰下有物掩出。回觀則彼跌出一丈有餘。平身躺在地下。予先何從知彼之來。又無從知以何法





應之。此乃拳術無意中抖擻之神力也。至哉信乎。拳經云。拳無拳。意無意。無意之中。是眞意也。至此拳術無形無相。無我無他。只有一神之靈光。奧妙不測耳。拳經云。混元一氣吾道成。道成莫外五眞形。眞形內藏眞精神。神藏氣內丹道成。如問眞形須求眞。要知眞形合眞相。眞相合來有眞訣。眞訣合道得徹靈。養靈根而動心者。敵將也。養靈根而靜心者。修道也。武藝雖眞竅不眞。費盡心機枉勞神。祖師留下眞妙訣。知者傳授要擇人。

一則

張樹德先生云。形意拳之道。不言器械。予初練之時。亦只疑無有槍刀劍術之類。予練槍法數十年。訪友數省。相遇名家。亦有數十餘名。所練門派不同。亦各有所長。予自是而後。晝夜勤習。方得其槍中之奧妙。昔年用槍。總以爲自己身手快利。步法活動。用法多巧。然而與人相較。往往被人所制。後始知不在乎形

式法術。有身如無身。有槍如無槍。運用只在一心耳。（心即槍槍即心也。）槍分三節八楞。用眼視定彼之形式。上中下三路。或稍節。中節。根節。心一動而手足與槍合一。似蛟龍出水一般。直到彼身。彼即敗矣。方知手足動作。教練純熟。不令而行也。予自練形意拳以來。朝夕習練將道理得之於身心。而又知行合一。故同一長短之槍。已覺自己之槍。昔用之似短。今用之則長。更覺善用者不在槍之形式長短。全在拳中神意之妙用也。又方知拳術即劍術。槍法。劍術槍法亦即拳術也。拳經云。心爲元帥。眼爲先鋒。手足爲五營四哨。以拳爲拳。以拳爲槍。槍扎如射箭。即此意也。故此始悟形意拳術。不啻槍劍。因其道理中和。內外如一。體物而不遺。無往而不得其道也。

一則

劉曉蘭先生云。形意拳之道無他。不過變化人之氣質。得其中和而已。從一氣





而分陰陽。從陰陽而分五行。從五行而還一氣。十二形之理。亦從一氣陰陽五行變化而生也。朱子云。天以陰陽五行。化生萬物。氣以成形。而理即數焉。即此意也。余從幼年練八極拳。工夫頗深。拳中應用之法術。如（擷肘定肘撐肘挎肘）等等之著法。亦極其純熟。與人相較。往往勝人。其後遇一能手。身軀靈變。或離或合。則吾法無所施。往往拘守成法而不能變。尙疑爲自己工夫不純之過也。其後改練形意拳。習五行生尅。應用之法則。如劈拳能破崩拳。以金尅木。鑽拳能破砲拳。以水尅火。習至數十年。方悟所得之道。知行合一之理。心中極其虛靈。身形亦極其和順。內外如一。又知五行拳互相生尅。金尅木。木亦能尅金。金生水。水亦能生金。古人云。互相遞爲子孫之意也。以前所用之法則。而時應用。無不隨時措之宜也。亦無入而不自得也。因此始知形意拳。是個中和之體。萬物皆涵育於其中矣。

一則

李鏡齋先生嘗。常有練拳術者。多有體用不合之情形。每見所練之體式。工夫極其純熟。氣力亦極大。然而所用之法則。常有與體式相違者。皆因是所練之體中形式不順。身心不合。則有悖戾之氣也。譬如儒家讀書。讀的極熟。看理亦極深。惟是所作出之文章。常有不順。亦是伊所看書之理。則有悖謬之處耶。雖然文武不同道。其理則一也。

一問

李存義先生嘗。拳經云。靜爲本體。動爲作用。寂然不動。感而遂通。是化勁練神還虛之用也。明暗勁之體用。是將周身四肢鬆開。神氣縮回。而沉於丹田。內外合成一氣。再將兩目視定彼之兩目。或四肢。自己不動而爲體也。若是發動。剛柔曲直。縱橫圓研。虛實之勁。起落進退。閃展伸縮。變化之法。此皆爲用也。此是





與人相較之時。分折體用之意義也。若論形意拳本旨之體用。是自己練蹚子爲之體。與人相較之時。按練時而應之爲之用也。虛實變化不自專用。因彼之所發之形式。而生之也。

二則

余練習拳學。一生不知用奸詐之心。先師亦常云。兵不厭詐。自己雖不用奸詐。然而不可不防他人。終身未嘗有意一次用奸詐之勝人。皆以實在功夫也。若以奸詐勝人。彼未必肯心服也。奸詐心有何益哉。與人相較。總是光明正大。不能暗藏奸心。或是勝人。或是敗於人。心中自然明曉。皆能於道理有益也。雖然奸詐自己不用。亦不可不防。惟是彼之道理。剛柔虛實。巧拙不可不察也。（此六字是道理中之變化也。奸詐者不在道理之內。用奸賞語將人暗中纒住。用出其不意打人也。）剛者有明剛。有暗剛。柔者有明柔。有暗柔也。明剛者。未與人交手時。周身動作。神氣皆露於外。若是相較。彼一用力抓住吾

手如同鋼鈎一般。氣力似透於骨。自覺身體如同被人摺住一般。此是明剛中之內勁也。暗剛者與人相較。動作如平常。起落動作亦極和順。兩手相交。彼之手指軟似棉。用意一抓。神氣不只透於骨髓。而且牽連心中。如同觸電一般。此是暗剛中之內勁也。明柔者。視此人之形式動作。毫無氣力。若是知者視之。雖身體柔軟無有氣力。然而身體作動。身輕如羽。內外如一。神氣周身並無一毫散亂之處。與彼交手時。抓之似有。再用手或打或撞。而又似無。此人又毫不用意於己。此是明柔中之內勁也。暗柔者。視之神氣威嚴。如同泰山。若與人相較。兩手相交。其轉動如鋼球。手方到此人之身似硬。一用力打去。則彼身中又極靈活。手如同鰾膠相似。胳膊如同鋼絲條一般。能將人以黏住。或纏住。自己覺著諸方法不能得手。此人又無有一時格外用力。總是一氣流行。此是暗柔中之內勁也。此是余與人道藝相交。兩人相較之經驗也。以後學者若遇此四形





式之人。量自己道理深淺。神氣之厚薄。而相較量。若是自己不能被彼之神氣欺住。可以與彼相較。若是覿面先被彼神氣罩住。自己先懼一頭。就不可與彼較量。若無求道之心則已。若是有求道之心。只可虛心而恭敬之。以求其道也。兵法云。知己知彼。百戰百勝。能如此。視人能如此。待人可以能無敵於天下也。並非人人能勝方爲英雄也。虛實巧拙者。是彼此兩人一覿面數言。就要相較。察彼之身形高矮。動作靈活不靈活。又看彼之神氣厚薄。一動一靜。言談之中。是內家是外家。先不可驟然取勝於人。先用虛手以探試之。等彼之動作。或虛或實。或巧或拙。一露形迹。勝敗可以知其大概矣。被人所敗不必言矣。若是勝於人。亦是道理中之勝人也。就是被人所敗。亦不能用奸詐之心也。余所以練拳一生。總是以道服人也。以上諸先師亦常言之。亦是余一生所經驗之事也。以後學者。雖然不用奸詐。不可不防奸詐。莫學余忠厚。時常被人所欺也。

一　則

田靜傑先生言。形意拳術之理。本是不偏不倚。中正和平。自然一氣流行之道也。拳經云。身式不可前栽。不可後仰。不可左斜。不可右歪。即不偏不倚之意也。其氣卷之則退藏於密。（即丹田也）放之則彌六合。（心與意合。意與氣合。氣與力合。是內三合也。肩與胯合。肘與膝合。是內三合也。）練之發著於十二形之中。（十二形爲萬形之綱也）身體動作。因著形式有上下大小之分。動靜剛柔之判。起落進退之式。伸縮隱現之機也。雖然外體動作有萬形之分。而內運用一以貫之也。

一　則

李奎元先生云。形意拳術之道。意者即人之元性也。在天地則爲土。土者天地之性。性者人身之土也。在人則爲性。在拳則爲橫。橫者即拳中先天圓滿中和之一氣也。內包四德。即劈崩鑽砲也。亦即眞意也。形意者。是人之周身四肢動





作。從其規矩。順其自然。外不乖於形式。內不悖於神氣。外面形式之順。是內中神氣之和。外面形　之正。是內中意氣之中。是故見其外。知其內。誠於內。形於外。即內外合而爲一者也。先賢云。得其一而萬事畢。此爲形意拳術形意二字大概之意義也。

坐功雖云靜極而生動。丹田之動。是外來之氣動。其實還是意動。羣陰剝盡一陽來復。是陰之靜極而生動矣。丹書練己篇云。已者我之眞性。靜則爲性。動則爲意。妙用則爲神也。不靜則眞意不動。眞意不動。而何有妙用乎。所以動者。是眞意。練拳術到至善處。亦是性至靜。眞意發動。而妙用即是神也。至於坐功靜極而動。採取火候之老嫩。法輪升降之歸根。亦不外性靜意動。一神之妙用也。

二　則

練形意拳術。頭層明勁。垂肩墜肘塌腰。與寫字之工夫。往下按筆意思相同也。二層練暗勁。鬆勁往外開勁縮勁各處之勁。與寫字提筆意思相同也。頂頭蹬足。是按中有提。提中有按也。三層練化勁。以上之勁。俱有而不覺有。只有神行妙用。與之隨意作草書者。意思相同也。其音拳之規則法度。神氣結構轉折形嘗。與曾文正公家書輪書字音乾坤二卦並禮樂之意者。道理亦相同也。

三則

形意拳術之道。勿拘於形式。亦不可專務於形式。二者皆非正道。先師云。法術規矩在假師傳。道理巧妙須自己悟會。故練拳術者。不可以練偏僻奇異之形式。而身爲其所拘。亦不可以練散亂無章之拳術。而不能通其道。所以練拳術者。先要求明師。得良友。心思會悟。身體力行。日日習練。不可間斷。方能有得也。不如是。混混沌沌。一生茫然無所知也。俗語云。世上無難事。就怕心不專。世人



皆云拳術道理深遠。不好求。實則不然。中庸云。道不遠人。人之爲道而遠人。天地之間。萬物之理。皆道之流行分散耳。人爲一小天地。亦天地間之一物也。故我身中之陰陽。卽天地之陰陽也。萬物之理。亦卽我身中之理也。大學注云。心在內而理周乎物。物在外而理具於心。易注云。遠在六合以外。近在一身之中。遠取諸物。近取諸身。天地之大。六合之遠。萬物之理。莫不在我一身之中。其拳始言一理。卽形意拳中之太極三體式之起點也。中散爲萬事。卽陰陽五行十二形。以至各形之理。無微不至也。末復合爲一理者。卽各形之理。總而合之內外如一也。放之則彌六合者。卽身體形式伸展。內中神氣放開。圓滿無缺也。高者如同極於天也。遠者如至六合之外也。卷之則退藏於密者。卽神氣縮至於丹田。至虛至無之意義也。遠取諸物者。譬如蛇之一物。曲屈夭矯。來去如風。吾欲取其意也。近取諸身者。若練蛇形。須研究其形。是五行拳中。(卽劈崩鑽砲橫也)何行



合化而生出此形之勁也。勁者。卽內中神氣貫通之氣也。所以要看此形之行動。頭尾。身伸縮盤旋三節。一氣無一毫之勉強也。物之性能。柔中有剛。剛中有柔。柔者如同絲帶相似。剛者纏住別物之體。如鋼絲相似。再將物之形式動作。靈活曲折剛柔之理。而意會之。再自己身體力行而效之。工久自然得著此物之形式性能。與我之性能合而爲一矣。此形之性能格物通了。再格物他形之性能。十二形之理亦然。以至於萬形之理。只要一動一靜。驟然視見。與我之意相感。忽覺與我身中之道相合。卽可倣傚此物之動作而運用之。所以練拳術者。宜虛心博問。不可自是。余昔年與人相較槍拳之時。卽敗於人之手。然而又借此他勝我之法術。而得明我所練之道理也。是故拳術卽道理。道理卽拳術。天地萬物。無不可效法也。卽世人亦無不可作我之師與友也。所以余幼年練拳術。性情異常剛愎。總覺己高於人。自拜　郭雲深先生。爲師教授形意拳



術。得着門徑。又得先生循循善誘。自己用功。晝夜不斷。又得良友相助。忽然豁然明悟。心闊似海。回思昔日所練所行諸事。皆非。自覺心中愧悔。毛髮悚懼。自此而知古人云。求聖求賢在於己。功名富貴在於命。練拳術者。關於人之一生禍福。後學者不可不知也。自此以後。不敢言己之長。譏人之短。知道理之無窮。俗云。強中自有強中手。能人背後有能人。心中戰戰兢兢。須臾不敢離此道理。一生亦不敢驕矜於人也。

四則

形意拳之道。練之有無數之曲折層次。亦有無數之魔力混亂。一有不察。拳中無數之弊病出焉。故練者。先以心中虛空爲體。以神氣相交爲用。以腰爲主宰。以丹田爲根。以三體式爲基礎。以九要之規模。爲練拳之具。以五行十二形。爲拳中之物。故將所發出散亂之氣。順中用逆。縮回蹲於丹田。用呼吸煅練。不用

口鼻呼吸。要用眞息積於丹田口中之呼吸。舌頂上腭。口似張非張。似閤非閤。還照常呼吸。不可有一毫之勉強。要純任自然耳。所以要除三害。挺胸。提腹。努氣。是練形意拳之大弊病也。或有練的規矩不合自己不知。身形亦覺和順。心中亦覺自如。然而練至數年工夫。拳術之內外不覺有進步。以通者觀之。是入於俗派自然之魔力也。或有練者。手足動作亦整齊。內外之氣亦合的住。以傍人觀之。周身之力量看著亦極大無窮。自覺亦復如是。惟是與人相較。放在人家之身上。不覺有力。知者云。是被拘魔所捆也。因兩肩根兩胯裏根不舒展。不知內開外合之故也。如此雖練一生。身體不能如羽毛之輕靈也。又有時常每日練習身形亦和順。心中亦舒暢。忽然一朝。身形練着亦不順。腹中覺著亦不合。所練的姿式起落進退亦覺不對。而心中時覺鬱悶。知者云。是到疑團之地也。其實拳術確有進步。此時不可停工。千萬不可被疑魔所阻。卽速求師說明





道理而練去。用力之久。而一旦豁然貫通。則衆物之表裏精粗之無不到。而吾拳之全體大用無不明矣。至此諸魔盡去。道理不能有所阻也。邱祖云。經一番魔亂。長一層福力也。

一則

耿誠信先生云。幼年練習拳術之時。肝火太盛。血氣甚旺。往往與人無故不相和。視同道如仇敵。自己常常自煩自惱。此身爲拙勁所拘。不知自己有多大力量。有友人介紹深州劉奇蘭先生。拜伊爲門下。先生云。此形意拳是變化氣質之道。復還於初。非是求後天血氣之力也。自練初步明勁之工夫。四五年之時，自覺周身之氣質。腹內之性情。與前大不相同。回思昔年所作之事。對於人所發之性情。言語時時心中甚覺愧悔。自此而後。習練暗勁。又五六年。身中內外之景況。與練明勁之時又不同矣。每見同道之人。無不相合。遇有技術在我以上者。亦無不稱揚之。此時自己心中之技術。還有一點吝嗇之心。不肯輕示於人。嗣又還於化勁。習之又至五六年工夫。由身體內外剛柔相合之勁。而漸化至於無此至此方。覺腹內空空洞洞。渾渾淪淪。無形無象。無我無他之境矣。自此方無有彼此之分。門戶之見。遇有同道者。無所不愛。或有練習未及於道者。無不憐憫而欲敎之。偶遇同道之人相比較者。並無先存一個打人之心在內。所用所發。皆是道理。亦無入而不自得矣。此時方知形意拳是個中和之道理。所以能變化人之氣質而入於道也。

一則

周明泰先生云。意形拳之道。練體之時。周身要活動。不可拘束。拳經云。十六處練法之中。雖有四就之說。就者束身也。束身非拘也。是將身縮住。內開外合。雖往回縮。外形之式要舒展。順中有逆。逆中有順。是故形意拳之道。內中之神氣





要中正相交。外形之姿式。要和順不悖。所以練體之時。周身內外不要拘束也。練體之時。不可拘束。然而所用之時。外形亦不可有散亂之式。內中不可有驕懼之心。就是遇武術至淺之人。或遇不識武術之人、內中不可有驕傲之心存。亦不可以一手法必勝他人。務要先將自己之兩手。或虛或實。要靈活不可拘力。兩足之進退。要便利不可停滯。或一二手式三五手不拘。將伊之虛實眞情引出。再因時而進之。可以能勝他人也。倘若遇武術高超之人。知其工夫極深。亦見其身體動作。神形相合。己心中亦贊美伊之工夫。亦不可生恐懼之心。務要將神氣貫注。兩目視定伊之兩眼之順逆。再視伊之兩手兩足或虛實。或進退。相交之時。彼進我退。彼退我進。彼剛我柔。彼短我長。彼長我短。亦得量彼之眞假靈實而應之。不可拘定一成法而必勝於人也。如此用法雖然不能勝於彼。亦不能一交手卽敗於彼也。故練拳術之道。不可自貢其能。無敵於天下也。

亦不可有恐懼心。不敢與人相較也。所以務要知己知彼。知己不知彼。不能勝人。知彼而不知己。亦不能勝人。故能知己知彼。可以能勝人。而亦能成為大英雄之名也。

一則

許占鰲先生云。練形意拳之道。萬不可有輕忽易視之心。五行十二形。以為七日學一形。或十日學一形。大約少者半年。多者一年之工夫。足以學完全矣。如此練形意拳。至於終身不能有所得也。所會者。不過拳之形式與皮毛耳。或者又知此拳之道理精微。不易得之於身。而有畏難之心。總疑一形兩形。大約三年五年。亦不能得其精微。若於全形之道理。大約終身亦得不完全矣。二者有一。雖然習練。始終不能有成也。二者若是全無。再虛心求老師傳授。第一三害之病不可有。第二九要之規矩要真切。第三三體式要多站。九要要





整齊。身子外形要中正。心中要虛空。神氣呼吸要自然。形式要和順。不如此。不能開手開步練習也。若是誠意練習。總要勿求速效。一日不和順。明日再站。一月不和順。下月再站。因三體式是變化人之氣質之始。並非要求血氣之力。是去自己之病耳。（拙氣拙力之病）所以站三體式者。有遲速不等。因人之氣質稟受不同也。至於開手開步練習一形。不順不能練他形。一月不順。下月再練。半年不順一年練。練至身體和順。再練他形。非是形式不熟。亦是內中之氣質未變化耳。一形通順。再練他形。自易通順。而其餘各形皆可一氣貫通。拳經云。一通無不通也。所以練形意拳者。勿求速效。勿生厭煩之心。務要有恆。作為自己一生始終修身之工課。不管效驗不效驗。如此練去。工夫自然而有得也。

二則

形意拳術三體式者。天地人三才之象也。即人身中之頭手足也。亦即形意八卦太極拳三派合一之體也。此式是虛而生一氣。是自靜而動也。太極兩儀至於三體式。是由動而靜也。再致虛極靜篤時。還于本性。此性是先天之性。不是後天之性。此是形意拳術之本體也。此三體式。非是後天拙力血氣所為。乃是拳中之規矩。傳受而致也。此是拳術最初還虛之道也。此理與靜坐之工相合也。靜坐要最初還虛。俟虛極靜篤時。海底而生知覺。要動而後覺。是先天動。不可知而後動。知後而動。是後天忘想而生動也。俟一陽動時。即速回光返照。凝神入於氣穴。神氣相交。二氣合成一氣。再有傳授。文武火候。老嫩。呼吸得法。能以煅煉。進退升降。亦可以次而行工也。因此是最初還虛。血氣不能加於其內。心中空空洞洞。即是明心見性矣。前者自虛無至三體式。是由靜而動。動而復靜。是拳中起鑽落翻之未發。謂之中也。中者是未發之和也。三體式重生萬物。張者是靜極而再動。此是起鑽落翻已發也。已發是拳之橫拳起也。內中之五





行拳。十二形拳。以致萬形。皆由此而生也。中庸云。天命之謂性。率性之謂道。不動。是未發之中也。動作能循環。三體式之本體。是已發自和之。和者。是已發之中也。將所練之拳術。有過由不及而之。氣質仰而就。仰而止。教人改氣質。腹躋於中。是之謂教也。故形意拳之內勁。是由此中和而生也。俗語云。拳中之內勁。是鼓小腹。硬如堅石。非也。所以形意拳之內勁。是人之元神元氣相合。不偏不倚。和而不流。無過不及。自無而有。自微而著。自小而大。由一氣之動而發於周身。活活潑潑。無物不有。無時不然。中庸云。放之則彌六合。卷之則退藏於密。其味無窮。皆是拳之內勁也。善練者。玩索而有得焉。則終身用之。有不能盡者矣。三體式。無論變更何形。非禮不動。（禮即拳中之規矩姿式也）所以修身也。故一動一靜。一言一默。行止坐臥。皆有規矩。所以此道動作。是純任自然。非免強而作也。古人云。內為天德。外為王道。並非霸術所行。亦是此拳之意義也。

## 第五章　八卦拳

### 一　則

程廷華先生云。練八卦拳之道。先得明師傳授。曉拳中之意義。並先後之次序。其實八卦本是一氣變化之分。（一氣者即太極也）一氣仍是八卦四象兩儀之合。是故太極之外無八卦。八卦兩儀四象之外亦無太極也。所以一氣八卦爲其體。六十四變以及七十二暗足。互爲其用。體亦謂之用。用亦謂之體。體用一源。動靜一道。遠在六合以外。近在一合身中。一動一靜。一言一默。莫不有卦象焉。莫不有體用焉。亦莫不有八卦之道焉。其道至大而無不包。其用至神而無不存。若是言練先曉伸縮旋轉圜研之理。先以伸縮而言之。縮者是由高而縮於矮。由前而縮於後。從高而縮於矮之情形。身子如同縮至於深淵。從前而縮於後之意思。身體如同縮至於深窟。若是論身體伸長而言之。伸者自身體縮至極矮





極微處。再往上伸去。如同手捫於天。往遠伸去。又同手探於海角。此是拳中開合抽長之精意。古人云。其大無外。其小無內。放之則彌六合。卷之則退藏於密。所以八卦拳之道。無內外也。研者身轉如同幾微的螺絲細軸。一般身體有研轉之形。而內中之軸。無離此地之意也。旋轉之是放開步法。邁足望着圓圈一旋轉。如身體轉九萬里之地球一圈之意也。至於身體剛柔。如玲瓏透體。活活潑潑。流行無滯。又內中規炬的確確不易。胳膊百煉之純鋼。化爲繞指之柔。兩足動作皆勾股三角。兩手之運用。又合弧切八線。所以數不離理。理不離數。理數兼該。乃得萬全也。將此道得之於身心。可以獨善其身。亦可以兼善天下。身之所行。是孝弟忠信。無事口中可以常念阿彌陀佛。行動不離聖賢之道。心中亦不離仙佛之門。非如此。不足以言練八卦拳術也。亦非如此。不能得着八卦拳之妙道也。

## 第六章　太極拳

### 一　則

郝爲楨先生云。練太極拳。有三層之意思。初層練習。身體如在水中。兩足踏地。周身與手足動作。如有水之阻力。第二層練習。身體手足動作。如在水中。而兩足已浮起。不著地。如長泅者浮游其間。皆自如也。第三層練習。身體愈輕靈。兩足如在水面上行。到此時之景況。心中戰戰兢兢。如臨深淵。如履薄冰。心中不敢有一毫放肆之意。神氣稍爲一散亂。即恐身體沈下也。拳經云。神氣四肢。總要完整。一有不整。身必散亂。必至偏倚。而不能有靈活之妙用。即此意也。又云。知己工夫。在練十三式。若欲知人。須有伴侶二人。每日打四手。（即捧攦擠按也）工久即可知人之虛實輕重。隨時而能用矣。倘若無人。與自己打手。與一不動之物。當爲人用兩手。或手體與此物相較。視定物之中心。或粘或走。靠或手足總要相





合。或如粘住他的意思。或如似挨未挨他的意思。身子內外總要虛空靈活。工久身體亦可以能靈活矣。或是自己與一個能活動之物。物之動去。我可以隨着物之來去。以兩手接隨之。身體曲伸往來上下相隨。內外一氣。如同與人相較一般。仍是求不即不離。不丟不頂之意也。如此心思會悟。身體力行。工久引進落空之法。亦可以隨心所欲而用之也。此是自己用工無有伴侶之法則也。郝爲楨先生與陳秀峯先生所練之架子不同。而應用之法術同者極多。所不同者。各有心得之處。或不一也。

### 一　則

陳秀峯先生言。太極八卦。與六十四卦。即手足四幹四枝。共六十四卦也。（其理八卦拳學言之詳矣）與程廷華先生言遊身八卦並六十四卦。兩派之形式用法不同。其理則一也。陳秀峯先生所用太極八卦。或粘或走。或剛或柔。並散手之用。總是在

不卽不離內求玄妙。不丟不頂中討消息。以至引進落空。四兩撥千斤。動作所發之神氣。如長江大海。滔滔不絕也。（此拳之道理王宗岳先生所著太極拳經論之最詳）程廷華先生所用之游身八卦。或粘或走。或開或合。或離或卽。或頂或丟。忽隱忽現。或忽然一離相去一丈餘遠。忽然而回。卽在目前。或用全體之力。或用一手。或二指。或一指之一節。忽虛忽實。忽剛忽柔。無有定形。變化不測。形意八卦太極三家。諸位先生所練之形式不同。其理皆合。其應用亦各有所當也。

第七章　形意拳講摘要

拳經云。形意拳之道有七拳。八字。二總。三毒。五惡。六猛。六方。八要。十目。十三格。十四打法。十六練法。九十一拳。一百零三鎗之論。恐後來學者未見過拳經。不知有此。故述之以明其義。

七拳　頭肩肘手胯膝足共七拳也。





八字　斬（劈拳也）　截（鑽拳也）　裹（橫拳也）　胯。（崩拳也）　挑（讓拳也卽燕形也）　頂（炮拳也）　雲（鷹形拳也）　領。（蛇形拳也）

二總　三拳三棍爲二總（三拳是天地人生法無窮三棍是天地人生生不已）

三毒　三拳三棍精熟卽爲三毒。

五惡　得其五精。卽爲五惡。

六猛　六合練成。卽爲六猛。

六方　內外合一家。爲六方。

八要　心定神寧。神寧心安。心安清淨。清淨無物。無物氣行。氣行絕象。絕象覺明。（覺明則神氣相通萬氣歸根矣）

十目　卽十目所視之意。

十三格　自七拳格起。至士農工商爲十三格。

十四打法　手肘肩胯膝足左右共十二拳頭爲一拳臀尾爲一拳共十四拳

名爲七拳故有十四處打法此十四處打法變之則有萬法合之則爲五行兩儀而仍歸一氣也

十六處練法。　一寸。二踐。三鑽。四就。五夾。六合。七齊。八正。九脛。十警。十一起落十二進退。十三陰陽。十四五行。十五動靜。十六虛實。

寸（是步也）　踐（腿也）　鑽（身也）　就（束身也）　夾（如加剪之加也）　合（內外六合心與意合意與氣合氣與力合是爲內三合肩與胯合肘與膝合手足與合是爲外三合）　齊（疾毒也內外如一）　正（直也看正却是斜看斜却是正）　脛（手摩內五行也）　驚（驚起四稍也火機一發物必落摩脛摩脛意氣響連聲）

起落（起是去也落是打也起亦打落亦打起落如水之翻浪總成起落）　進退（進是步低退是步高進退不是枉學藝）　陰陽（看陰而却有陽看陽而却有陰天地陰陽相合能以下雨拳術陰陽相合總能打人成其一塊皆爲陰陽之氣也）　五行（內五行要動外五行要隨）　動靜（靜爲本體動爲作用若言其靜未露其機若言其動未見其迹動靜是發而未發之間謂之動靜也）　虛實（虛是精也實是靈也精靈皆有成其虛實拳經歌曰精養靈根氣養神養功養道見天眞丹田養就長命寶萬兩黃金不與人）

九十一拳三拳分爲二十一拳。五行生尅是十拳。分爲七十拳。（共九十一拳一拳分爲七拳是前打後打左打右打不打打打不打打打）





一百零三鎗　天地人三鎗各分四柱。是三四一十二鎗。五行五鎗。是五七三十五鎗。八卦八鎗。是七八五十六鎗。共一百零三鎗也。

頭打落。意隨足走。起而未起占中央。腳踏中門搶他位。就是神仙亦難防。

肩打一陰反一陽。兩手只在洞中藏。左右全憑蓄他意。舒展二字一命亡。

肘打去意占胸膛。起手好似虎撲羊。或在裏撥一旁。走後手只在脇下藏。

拳打三節不見形。如見形影不爲虎。能在一思進。莫在一思存。能在一氣先。莫在一氣後。

胯打中節並相連。陰陽相合得之。難外胯好似魚打。挺裏胯藏步變勢難。

膝打幾處人不明。好似猛虎出木籠。和身轉着不停勢。左右明撥任意行。

腳打採意不落空。消息全憑後腳蹬。與人較勇無虛備。去意好似捲地風。

臂尾打起落不見形。好似猛虎坐臥出洞中。

拳經云混元一氣吾道成。道成莫外五眞形。眞形內藏眞精神。神藏氣內丹道成。如問眞形須求眞。要知眞形合眞象。眞象合來有眞訣。眞訣合道得徹靈。養靈根而動心者敵將也。養靈根而靜心者修道也。

赤肚子胎息訣云氣穴之間昔人名之曰生門死戶又謂之天地之根凝神於此久之元氣日充元神日旺神旺則氣暢氣暢則血融血融則骨強骨強則髓滿髓滿則腹盈腹盈則下實下實則行步輕健動作不疲四體康健顏色如桃李去仙不遠矣此亦是拳術內勁之意義也

## 第八章

### 練拳經驗及三派之精意

余自幼練拳以來。聞諸先生之言。云拳卽是道余心之懷疑。至練暗勁。剛柔合





一動作靈妙。一任心之自然。與同道人研究。彼此各有所會。惟練化勁之後。內中消息。與同道之人言之。知者多不肯言。不知者茫然莫解。故筆之於書。以示同道。倘有經此景況者。可以互相研究。以歸至善。余練化勁所經者。每日練一形之式。到停式時。立正。心中神氣一定。每覺下部海底處。（會陰穴處）如有物萌動。初不甚着意。每日練之有動之時。亦有不動之時。日久亦有動之甚久之時。亦有不動之時。漸漸練於停式。心中一定。如欲洩漏者。想丹書坐功。有眞陽發動之語。可以採取。彼是靜中動。練靜坐者知者亦頗多。乃彼是靜中求動也。此是拳術動中求靜。不知能消化否。又想拳經亦有處處行持不可移之言。每日功夫總不間斷。以後練至一停式。周身就有發空之景象。眞陽亦發動。而欲洩。此情形似柳華陽先生所云。復覺眞元之意思也。自覺身子一毫亦不敢動。動卽要洩矣。心想仍用拳術之法以化之。內中之意。虛靈下沉注於丹田。下邊用虛

靈之意。提住穀道。內外之意思。仍如練拳蹬子一般。意注於丹田片時。陽卽收縮。萌動者上移於丹田矣。此時周身融和。綿綿不斷。當時尙不知採取轉法輪之理。而丹田內如同兩物相爭之狀況。四五小時。方漸漸安靜。心想不動之理。是余練拳術之時。呼吸二息。仍在丹田之中。至於不練之時。雖言談呼吸。並不妨礙內中之眞息。並非有意存照。是無時不然也。莊子云。有人眞呼吸以踵。大約卽此意也。因有不息而息之火。將此動物消化。暢達於周身也。以後又如前動作。仍提在丹田。仍是練拳蹬子。內外總是一氣。綏綏悠悠練之。不敢有一毫之不平穩處。動作練時內中四肢融融綿綿。虛空與前站着之景況無異。亦有練一蹬而不動者。亦有練二蹬而不動者。嗣後亦有動時。仍提至丹田而動。練拳之內呼吸。轉法輪用意之用。於丹田以神轉息而轉之。從尾閭至夾脊。至玉枕。至天頂而下。與靜坐功夫相同。下至丹田。亦有二三轉而不動者。亦有三四





轉而不動者。所轉者與所練蹬子。消化之意相同。以後有不練之時。或坐立或行動。內中仍以用練拳之呼吸。身子行路亦可以消化矣。以後甚至於睡熟。內中忽動。動而卽醒。仍以用練拳之呼吸而消化之。以後睡熟而內中不動。內外周身四肢。忽然似空。周身融融和和。如沐如浴之景況。睡時亦有如此情形。而夢中亦能。用神意呼吸而化之。因醒後已知夢中之情形而化之也。以後練拳術睡熟時。內中卽不動矣。後只有睡熟時。內外忽然有虛空之時。白天行止坐臥。四肢亦有發空之時。身中之情意。異常舒暢。每逢晚上練過拳術。夜間睡熟時。身中發虛空之時多。晚上要不練拳術。睡時發虛空之時較少。以後知丹道有氣消之弊病。自已體察內外之情形。人道縮至甚小。消除百病。精神有增無減。以後靜坐亦如此。練拳亦如此。到此方知拳術與丹道是一理也。以上是余練拳術自已身體內外之所經驗也。故書之以告同志。

拳術至練虛合道。是將真意化到至虛至無之境。不動之時。內中寂然。空虛無一。動其心至於忽然有不測之事。雖不見不聞。而能覺而避之。中庸云至誠之道。可以前知。是此意也。能到至誠之道者。三派拳術中。余知有四人而已。形意拳李洛能先生。八卦拳董海川先生。太極拳楊露禪先生。武禹讓先生。四位先生。皆有不見不聞之知覺。其餘諸先生。皆是見聞之知覺而已。如外有不測之事。只要眼見耳聞。無論來者如何疾快。俱能躲閃。因其功夫入於虛境而未到於至虛。不能有不見不聞之知覺也。其練他派拳術者。亦常聞有此境界。未能詳其姓氏。故未錄之。



孫祿堂先生著



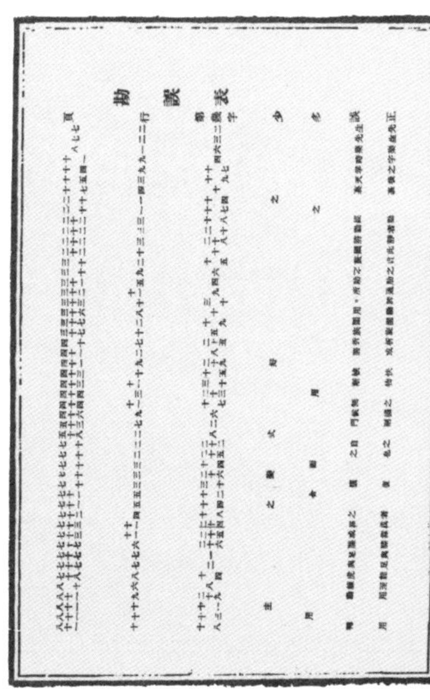

勘誤表

民國十三年三月初版
民國十八年八月三版

（拳意述真每冊）
實價大洋四角
（外埠另加郵匯費）

編纂者 蒲陽孫福全
校閱者 陳儀先 吳心穀
印刷者 仁記印務局 上海三馬路 電話一五一三五號 北平大理院後
發行者 蒲陽孫寓 旗守衛二十二號

經售處 法租界東新橋上海中華體育會 上海帶鉤橋 南京國民政府西首武學書局 鎮江西門 北平廊房頭條 江蘇省國術館 各埠大書局



拳意述真

國家圖書館出版品預行編目資料

孫祿堂拳意述真 ／ 孫祿堂　著
——初版，——臺北市，大展，2018〔民107.08〕
面；21公分 ——（武學名家典籍校注；9）
ISBN 978－986－346－218－7（平裝）
1. 拳術　2. 中國
528.972　　107009291

# 孫祿堂 拳意述眞

著　　者／孫 祿 堂
校 注 者／孫 婉 容
責任編輯／王 躍 平
發 行 人／蔡 森 明
出 版 者／大展出版社有限公司
社　　址／台北市北投區（石牌）致遠一路2段12巷1號
電　　話／（02）28236031・28236033・28233123
傳　　眞／（02）28272069
郵政劃撥／01669551
網　　址／www.dah-jaan.com.tw
E－mail ／service@dah-jaan.com.tw
登 記 證／局版臺業字第2171號
承 印 者／傳興印刷有限公司
裝　　訂／眾友企業公司
排 版 者／弘益電腦排版有限公司
授 權 者／北京科學技術出版社
初版1刷／2018年（民107）8月

定 價／250元

大展好書　好書大展

品嘗好書　冠群可期